一流のフォロワーになるための

# 社長の支《ささ》え方

HOW TO SUPPORT YOUR BOSS

株式会社人財ラボ
代表取締役社長
下山博志

SOGO HOREI PUBLISHING CO., LTD

この本では、社長の近くで働く人や、社長から直接指示を受けたり、相談を受けたりする人を「社長のフォロワー」と表現しています。

# はじめに

## ↓社長を支えるフォロワーが元気になれば、社長も元気になる

私は30年間サラリーマンを経験し、その後起業しました。それから実に15年近く、社長やそのフォロワーの方々と一緒に働くという機会に恵まれています。

このような環境の中で、何人もの社長から、

「うちの社員は、私の言っていることを全く理解できていない」

「企業理念を心から理解し、語れる者がいない」

「私の気持ちを理解してもらえるように何とかしてもらいたい」

などと相談されることが何度もありました。

一方、フォロワーの方々からは

「社長がこんなことを言い出して困っています」
「社長は何を考えているのか理解できません」
「社長に何とかならないか話してください」

と相談されることが多くあります。

残念ながらこの相談に一言で答えられる解決策は存在しません。

かく言う私も、社長です。人事・教育や変革のコンサルティングを行なってはいますが、自分の会社でも同じようなことが起こっているのかもしれません。

しかしながら私は、今まで１０００人以上の個性豊かな社長と、その個性豊かな社長を支える何人ものフォロワーと、会社の人創り、組織創りを一緒に行なってきました。

あるときは、何十年にもわたり会社を成長させてきた創業者、あるいは創業社長を引き継ぐ二代目や三代目、またあるときは、突然の社長交代で正社員から引き継いだ社長、その他に全く別業界から来たプロフェッショナル社長や勢い溢れるミレニアル世代の若手社長など、業種・業界を問わず、様々な社長と一緒に仕事をしてきました。

この経験を通して、また自分自身も社長とフォロワーの両方を行なってわかったことがあります。それは、

**「社長の元気がなくなると、会社はつまらない会社になる」**
**「社長を支えるフォロワーが元気になれば、社長も元気になる」**
**「社長に変わってもらいたければ、フォロワーが一緒に変われればいい」**

ということです。これはどの社長、どの会社にも共通すると確信しました。

これらの経験をもとに、**社長を支えるためには、どのように考え、行動すればいいのか。どうすれば、社長が元気になるのか。**何より、**フォロワーと言われる人たちと社長との信頼関係が、どうすればより良いものになり、働きやす**

**くなるのか**をまとめました。

第1章は、多くの社長が持つであろう、社長の素顔に迫ります。信頼されるフォロワーになるために、まず社長業という仕事をする人の素顔をどう見ればいいのかを知ってもらいたいと思います。

第2章では、会社の規模の大小にかかわらず、組織のトップに立つ社長ならではの特徴的な思考について述べています。〝チョット違う〟という表現をしているように、社長の思考には、少しだけ社員とは違う理由があります。

第3章は、社長にとって良いフォロワーが守っている基本です。社長を支えるための基本のハウツーになります。

第4章は、社長が信頼しているフォロワーが持っている「技」について述べます。さらに一流のフォロワーになるために、ぜひとも参考にしてください。

現在日本には、約261万社の会社が存在すると言われています。複数の会社を持つ社長もいますが、少なくとも200万人以上の社長がいるわけです。

そして、その社長に近いところで働くフォロワーは、社長の何倍もの人数にのぼるわけです。

本書で書かれている社長の素顔やフォロワーの取るべき行動が、これら全ての社長やフォロワーに当てはまるノウハウとは思いません。しかし、本書でまとめていることを参考に、自分と社長がどうあるべきかを見つめ直すきっかけになり、自分なりの社長の支え方が見つかれば幸いです。

2016年8月

株式会社人財ラボ　代表取締役社長

下山博志

## 第1章
## 社長の側で働くフォロワーに知ってもらいたい社長の素顔



## 第2章
## 社長の思考はチョット違う！
### ～特徴的な社長の思考について考える～

## 第3章 社長を支える人の基本10ヶ条

# 第4章

## 一流のフォロワーが行なっている「10の技」

付録

# 社長のタイプとその対応法

ブックデザイン◎ニノ宮匡（ニクスインク）
イラスト◎土屋和泉
DTP◎横内俊彦
編集協力◎成田真理

# 第1章

# 社長の側で働く
# フォロワーに
# 知ってもらいたい
# 社長の素顔

この章では、社長職に就いている人たちがいったいどのような人物なのかを紹介します。これは、過去1000人以上の社長と、社長に近い所で活躍するフォロワーたちに行なってきた企業のコンサルティング経験を通じて感じたものです。

改めて社長という職業の共通点と特異点を理解してもらうことで、社長のフォロワーである、あるいは社長に近いところで働くあなたが、どのように社長を支え、行動すれば良いのかを考えるきっかけにしてもらえたら幸いです。

# 1
# 社長とは「究極の専門職」である

## ↓社長は簡単には変われない

今、あなたの勤める会社には色々な課題があり、変革を迫られているかもしれません。会社の体制を抜本的に改革する必要があるかもしれません。

会社を変えるには、トップの考えを変えるのが一番の近道と思う方もいるでしょう。ですが、社長の考えを変えることが至難の業であることは多くの人が理解しています。私もその通りだと思います。

それより大切かつ早いのが、**社長に向き合い、あなた自身を変えること**です。

それは、納得できなくても、自分の意見を殺して社長に従えという意味ではありません。社長を変えることができないと思うのであれば、社長の意見や考え方で足らないと感じることをあなた自身が行うことです。つまり**あなた自身が、社長の足らない所を、責任を持って補完できるようにする**、という意味です。

それによって、社長が今の社長のままでこれまで通りの判断や意思決定をしたとしても、会社の方向性や社内のムード、組織の向かう先を変えていくことが十分にできます。**全てはあなた次第**なのです。

## ↓社長は決断という専門性を常に発揮している

私は人事教育コンサルタントとして、日々数多くの社長と接しています。そこでつくづく感じるのは、社長というのは、常に決断をしている人だということです。名刺交換をしながら、瞬時に相手がどういう人なのかを見極め、自分の立ち位置を決め、それにふさわしい表情や話し方、態度を見せています。

これは、絶えず決断をしなければならないという社長の仕事の宿命と言えます。社長というのは、部下からはもちろん、社外の多くの人たちからも、常に「これはいかがでしょうか？」「これからどうしましょうか？」「これについてはどのようにお考えですか？」と、意見を求められ続けています。ですから、目の前のどんな事柄に対しても常に自分の意見を述べられるだけの洞察力が自然と身に付きますし、ほとんど反射的に物事を決断する習慣ができあがってしまうのです。

つまり**社長とは、意思決定についての専門性を身に付けた人たち**と言えます。しかも、いつもスピードを求められています。だからこそ、ひとときたりとも休むことなく絶えず頭を働かせていますし、何かを決断するまでには迷うこともたくさんあるのです。

決断した結果、成功することも失敗することも、どちらの場合ももちろんあります。しかし成功から学べることはもちろん、失敗から学べることがあるのも事実です。むしろ、成功より、失敗にこそ、より多くの哲学があるのかもしれません。

成功には「良い成功」と「悪い成功」があります。失敗も成功同様、「良い失敗」と「悪い失敗」があります。社長職は成功も失敗も、それぞれ良さも悪さも自分の判断の結果であり、そこから何かを学び、蓄積し、次の決断の糧にしていくのです。

大事なことなのでくり返しますが、社長というのは、決断するかどうかを判断する高い専門性を身に付けています。これだけの専門性を、簡単に手放せるはずがありません。

つまり、あなたが**社長に変わってほしいと求めるのは、とても不合理なことなのです。**

それは、経営者としての専門性を捨ててくれと言っているのと同じです。

社長は決断の専門家です。従って社長が変わるときは社長自身が自分で変わろうと決断したときです。

「究極の専門職」である社長にはこれまで通りの力を発揮してもらいながら、従業員たちや事業への影響をどう変えていくのか。その点をあなたに考えていただくことが重要なのです。

# 2

# 社長の生きてきた歴史を知れば、真意が見えてくる

## ↓リーダーを育てる２つの選択肢

以前、とある企業の創業者から、人材育成について相談を受けたことがあります。この創業者は、一度退任して代表権のない会長に退き、自身で指命した後継者にそのポジションを譲りました。しかし、数年の後、再び代表権を取り戻し、経営トップとして復帰したのです。

確かに経営状況は、社長が采配をとっていた時代に比べると不安定であり、経済環境や業界環境も厳しく、後継者社長も苦労していました。上場会社でも

あり、多くの株主は、後継社長の経営に疑問を持っていました。そのため、社長の復帰は突然のこととは言え、当然という空気感が社内外にありました。

私は、この企業の人事や教育全体の仕組み創りをこれまで後継社長と一緒に行なってきました。そのため、現場復帰した社長に呼び出されたときは、てっきり不調な経営状況に関連して人材育成についてもお叱りを受けるか、あるいはお役御免になるのかと思っていました。

しかし社長は開口一番、私にこのように話しました。

「経営状態を元に戻し、再び会社を成長させるには、次のリーダーを育てなければダメだと思う」と。

これに対し私は、

「社長はこれからどのようなリーダーが必要だと考えていますか？」

と聞きました。すると社長はやや強い口調で
「商売人のリーダーを育成したい！　下山さん、やってもらえますか？」

私は、その言葉を聞き、契約が終わらなかったという安堵感と同時に、よりにもよって難題を出され、どのように返事をするべきか考えました。

私は、「リーダーを育てるには2つのテーマがあります」とお話ししました。

一つ目のテーマは、**リーダーとなる社員に「武器を持たせること」**です。武器というのは、健全な商売を行うために必要なファイナンスとかマーケティングなど、ビジネスに直結するスキルのことです。

二つ目のテーマが、**リーダーとなる社員に「理念をたたき込むこと」**です。

一つ目のテーマの「武器を持たせること」は、私のような外部の人間が教育して身に付けてもらうことができます。

一方、二つ目のテーマの「理念をたたき込むこと」も、様々な手法を駆使して言葉として説明し、理解してもらうこと、考えてもらうことができます。

しかし、**真に心に響かせ、体現できるようにたたき込むには、トップを巻き込んで行うことが最も効果的**です。特にこのケースでは商売人のリーダーを育成するために必要であると考え、社長に提言しました。

社長が、そもそも何のためにこの商売を始めたのか、またどういう会社が理想なのか、将来は社会にどんな貢献をする会社になろうとしているのか。これらをリーダー候補たちにしっかり伝えることが必要でした。

ここまで話してもらってはじめて、なぜ、社長が一度後継社長に任せたはずの会社に戻ってきたのか、真の理由を聞くことができたのです。

社長は次のように話してくれました。

「一度、私は退任した。そして久しぶりに外から会社を見てみると、最近の我が社は、自分が創り上げた会社とは何かが違うと思った。私は当社の本来の企業文化を取り戻したい」と。

この言葉を聞き私は、商売人のリーダー育成で何をするべきか、確信しました。

翌月、社内から選抜されたリーダー候補たちを対象に、8ヶ月にわたる「理念浸透セミナー」を開始したのです。

## ↓トップの過去を紐解くことで、次世代のリーダーを育てる

この「理念浸透セミナー」の前半は、社長がいつ、どこで生まれ、どんな子ども時代を過ごし、社会人になったかなど、トップの過去を紐解くプログラムです。

日本経済新聞朝刊の連載「私の履歴書」のように、社長の歴史を辿ると考えるとわかりやすいと思います。

最初はコンサルタントである私が会長から数時間にわたって生い立ちを聞き出すというプログラムで、リーダー候補者はこの時点では、ただ聞いているだけです。しかし、聞き出した話から、子どもの頃に「こんな悔しい思いをした」という話を聞けば、「だからこの人は、人に対して競争心を抱くんだな」「こういう体験をしたから、人にお金を借りてはいけないという信念が生まれたんだな」というような、今の社長の価値感を形成した元となるストーリーが見えてきます。

さらに、会社を創業してから現在に至るまでの歴史を辿りました。**社長が会社を経営することになったいきさつ、経営者として一番嬉しかったエピソードなどを聞くことで、何に重きを置いて経営をしてきたのかが理解できるのです。**

このプログラムには、社長のフォロワーと言われるリーダーたちが出席したのですが、これ以降、彼らは、単に理念手帳や会社の壁に掲げられている〝言葉〟としての理念ではなく、その本質的な志を理解し始めました。そして重要な価値観として、リーダーたちの心に宿り始めたのです。

## ↓社長の判断基準のヒントは「過去」にある

このように、社長の歴史と会社の歴史を知り、社長が会社にどう関わってここまで来たのかを紐解くことは、フォロワーとしてとても重要だと考えています。社長が常に自分を基準にして経営判断を行なっていることはすでにお話ししましたが、**社長の判断基準は、歴史の中で培われた価値観が土台になってい**

**る**からです。

そのほかにも、**社長の価値観を知るには、家族構成やそれぞれの家族との関係性、子育て論なども大いに参考になります。**

あなたがいつも顔を合わせている社長が、自分の真意を言葉に出して語るとは限りません。しかし社長がどのように生きて、この会社でどんな経営者人生を送ってきたのかという歴史を知ることで、社長の価値観や判断基準が自然と見えてきます。**言葉にならない社長の真意を知りたければ、社長の歴史を知るのが近道**、ということです。

この本の巻末には、付録として、社長の歴史をヒアリングするためのワークシートを用意しています。ぜひそのシートを基に、早速今からヒアリングを始めてみてください。

# 3

# マズローの欲求5段階説から考える社長の欲求進化論

## ↓社長の欲求にも段階がある

では、社長はいったいどんな思いで会社を経営しているのでしょうか。これを、心理学領域の理論にあてはめて説明したいと思います。私が提唱している「マズローの欲求5段階説から考える社長の欲求進化論」です。

この基になっているのが、アメリカの心理学者、アブラハム・ハロルド・マズローが主張した有名な「マズローの欲求5段階説」です（「自己実現理論」とも呼ばれています）。

マズローは、人間が自己実現に向かって成長し続ける生き物であることを前提とし、人間の欲求を第1段階から第5段階までのピラミッド型の階層に表して説明しました。

実は一説には5段階ではなく、6段階のピラミッドで説明されたとの説もあります。というのもマズローは1970年6月に心臓発作で亡くなりますが、そのわずか半年前に、5段階の欲求のさらに上層に、もう一つの段階が存在すると発表していたためです。

この6段階説とは、具体的には次の通りです。

第1段階の欲求が人間にとってもっとも本能的な欲求で、それを満たさないことには生きていくことができないものです。

生存が保証されると次に第2段階の欲求が生まれ、さらにそれが満たされると第3段階の欲求が現れる……といった具合に、段階を経て進化し、最終的には自分の夢を叶えるレベルに到達するというものです。

●第１段階…生理的欲求
生命を維持するための食事・睡眠・排泄など、生存するために最低限のことをしたいという欲求。
●第２段階…安全・安定欲求
病気や事故などを回避し、健康で安全に、安定的に暮らしたいという欲求。
●第３段階…帰属・親和欲求
社会や集団に属したり、仲間を持ちたいという欲求。
●第４段階…自己尊厳欲求
自分が他者から価値ある存在であると認められ、必要とされたいという欲求。
●第５段階…自己実現欲求
自分の能力や可能性を最大限引き出して、自分がなりたい姿を目指したいという欲求。

**●第6段階（自己超越の段階）：コミュニティ（共同体）発展欲求**
**自分の欲を離れ、自分の周りの人々や社会のために、ひたすら純粋に自分の使命を遂行したいという欲求。**

以上の6段階のうち、第1～第4段階は自分の生活の中で足りないものを補おうという欲求であることから「**欠乏欲求**」、その上の第5・6段階はすでに生活するために必要なものは満たされていて、さらなる目標を達成し、夢を叶え、自己の内面を充足させたいという欲求であることから、「**達成欲求**」と分類できます。

ここまでの説明は、読者の皆さんも聞いたことがあると思います。

さて、この6段階説を使って、会社経営に対する社長の欲求をあてはめてみると、社長職に就いている人の欲求の発達段階が考えられます。

●第1段階
生理的欲求→会社を維持したい、潰したくないという欲求。
●第2段階
安全・安定欲求→安定的に売上や利益を上げ、会社を存続させたいという欲求。
●第3段階
帰属・親和欲求→一人前の会社として社会から認められたいという欲求。
●第4段階
自己尊厳欲求→業界、地域、社会の中でも優位に立ちたいという欲求。
●第5段階
自己実現欲求→自社のノウハウやブランドが社会や人々のためになり、より広めたいという欲求。
●第6段階
コミュニティ（共同体）発展欲求→自身の行なってきたことが、もっと広く世の中のためになることを願う。

もう少し噛み砕いて説明しましょう。

第1段階においては、何らかの利益を上げることを一番に考えるはずです。はじめて会社を創るときには、もちろん自分の夢もあると思いますが、まずは食べていくことを考えていかなければならないからです。

第2段階では、会社を成長させたい、始めた以上は止められないという思いに駆られます。これは、ある程度の利益が上げられるようになることで生じるものです。

たとえば今までは10個しか売れていなかったものでも、売れれば売れるほど100個売りたいと考えるようになりますし、仲間を増やしてさらに売上を拡大していきたいと考えるようになります。

第3段階では、社長として認められたい、会社も一人前の会社として業界や社会から認められたい欲求が出てきます。関連するステークホルダー（利害関係者）からも協力関係にありたいという欲求になります。

第4段階では、業界や社会の中で優位に立ちたいと思い始めます。シェアを取って業界内で優位に立ちたい。地域ナンバー1、日本一、世界一を目標にするということも、この欲求段階になります。

ここまでは「欠乏欲求」とも言えます。

これが全て満たされてしまうと、今度は第5段階です。

「そもそも私たちは何のためにこの仕事をしているのだろうか」「私たちが存在する意義は何なのか」「社会からどう見られる会社にするべきか」といったことを考えるようになり、企業ビジョンやミッションを意識し始めます。

さらにその先の第6段階では、「お世話になった地域に還元したい」「世の中の役に立ちたい」というレベルにまで昇っていくようになるのです。

## ↓環境の変化に伴い、社長の欲求の段階は常に変化する

このように段階を経て常に順調に昇っていければ良いのですが、会社を取り巻く環境は刻々と変化します。成長し続けていた会社が突然大災害に見舞われ、存続の危機に直面して第1段階に引き戻されることもあるでしょう。また、従

## 図１　マズローの欲求６段階説

### マズローの欲求６段階説

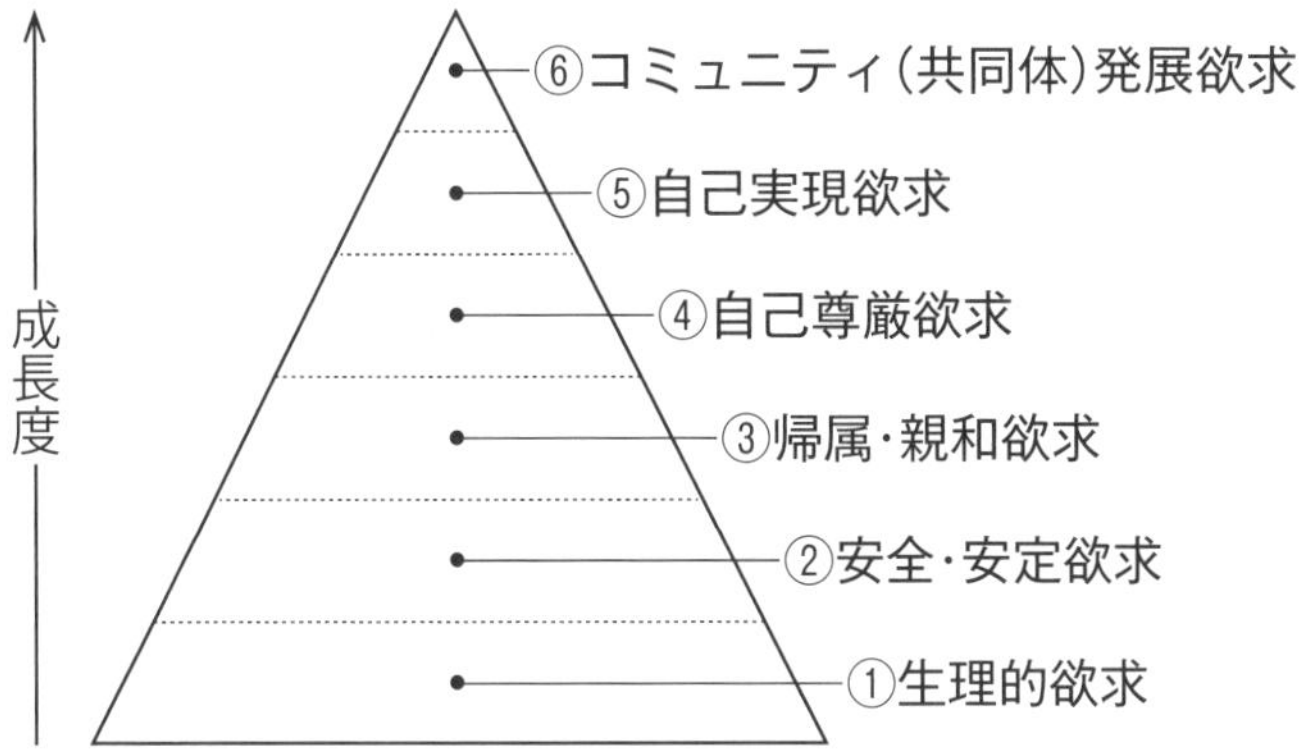


### 社長の欲求６段階

**第６段階**……「**世の中のためになりたい**」と思っている。

**第５段階**……「**世の中に認められたい**」と思っている。

**第４段階**……「**業界で優位に立ちたい**」と思っている。

**第３段階**……「**社会から認められたい**」と思っている。

**第２段階**……「**会社を成長させたい**」と思っている。

**第１段階**……「**会社を潰したくない**」と思っている。

業員が大量に辞めたり、強力な競合が現れてシェアが大きく落ち込むこともあるかと思います。ですから環境の変化に伴い、会社の状況も変化し、社長の欲求の段階も第1段階から第6段階の間を行ったり来たりするのです。

そこで、社長を支える立場にある人は、今この会社がどんな状況にあり、社長のマインドはどの段階にあるのかをキャッチすることが大切です。そのように考えれば、社長がもっとも重きを置いていることが何か、理解できるからです。

# 4 危機的状況でわかる、社長の「根源的リーダーシップ」

## ↓ 危機的状況は社長の本質に触れる絶対的な機会

危機的状況は、社長についてより深く知ることができる機会でもあります。なぜなら、人は追い込まれるような危機的状況が起こったときにこそ、本能や本質的な資質に従って行動するという性質があるからです。社長も例にもれず、本来の姿で考え、発言し、行動します。

昨今、大震災をはじめ豪雨、事故、テロなど、これまで直面したことのないような出来事が多くなりました。瞬く間に情報が世界中に流れるようになり、その対応の良し悪しも明らかにされるようになりました。従って、社長が背負う責任の範囲もこれまで以上に増えています。

そこで、社長が緊急時にどのような発言や行動を取るのかを把握しておくことで、社長の本質を知ることができるとともに、フォロワーである人たちも、どのようにフォローすべきかを理解するヒントになります。

## ↓社長が危機的状況で判断する軸となっているものとは？

私が数多くの社長を見てきた中で感じるのは、まず危機的状況のときの行動として、「独断的か、民主的か、あるいは権限委譲的か」という軸があるということです。

●独断的リーダーシップ

危機的状況や緊急時ほど、人の話は聞かず、自分で判断し、行動するのがこのタイプです。多くは、緊急時ほど率先垂範で行動し、リーダー自

## 図2　社長のリーダーシップの種類

### 独断的リーダーシップ

自分で判断し、行動するタイプ

〈対処法〉

決められたことを信じてついていく。
スピード感を持って対応する

### 民主的リーダーシップ

みんなの意見を聞いたうえで、
最終的な判断は自身で行うタイプ

〈対処法〉

フォロワー同士で知恵を出し合って、
社長をサポートする

### 権限委譲的リーダーシップ

周囲の判断を重視。自分は動かず、
任せた部下を動かすタイプ

〈対処法〉

社長の期待と信頼を裏切らないために、
何をすべきか考え結果を出す

身が緊急事態となっている出来事を自ら解決するために全勢力を注ぎます。

●民主的リーダーシップ

危機的状況や緊急時ほど、周りの皆の意見を聞いて、そのうえで自分がどう行動するべきかを決めます。冷静に判断するリーダーが多く、判断するまでは多くの意見や情報を収集し、最終的な判断は自身で行うタイプです。

●権限委譲的リーダーシップ

危機的状況や緊急時は、あえて先頭でリーダーシップをとるというよりも、周囲を信頼し、それぞれの判断を重視します。自分はむしろ動かず、後方支援に回ったり、全体を見て、任せた部下を動かします。

このように、本質的なリーダーシップがどのタイプであろうとも、それが正しいとか間違っているなどと一概に言うことはできません。正しいか間違っているかは、あくまでも結果が証明します。

後になって危機的状況を脱出できていれば、それはリーダーが正しい判断、正しい行動をしたことになります。危機的状況を脱出できずにますます悪い状況に陥れば、それはリーダーが間違った判断、間違った行動をしたことになります。

このように社長の本質的なリーダーシップがわかれば、社長を支える立場にある人は、独断的リーダーシップを発揮する社長に対して、決めたことに従うことを基本とすれば良いと思います。もし、民主的リーダーシップの社長なら、フォロワー全員が知恵を出し合って社長をサポートすれば良いということになります。

もし、**権限委譲的リーダーシップの社長から、何か仕事を任せられることがあれば、それは信頼されていると考えて良い**でしょう。その場合、社長の信頼を裏切らないよう、いつも以上に全力で望まなければなりません。

## ↓あなたの社長は直感的判断をする人か、論理的判断をする人か？

緊急時に表れるリーダーシップのもう一つの軸として、「直感的に判断するか、論理的に判断するか」というのがあります。

●直感的判断
緊急時に考えてから行動するより、まず行動したり、判断したり即行動のタイプです。

●論理的判断
緊急時でも非常に冷静で、発言や行動も理路整然としているタイプです。

この両者を比べた場合も、どちらのリーダーシップのタイプが良いか悪いかは一概に判断できません。

たとえば、「この一瞬の判断を誤ると従業員の生死に関わる」というような

## 図３　社長の判断の種類

### 直感的判断

考えてから行動より、まず行動する
即行動のタイプ

〈対処法〉
本質的な課題や原理原則に基づき、
社長の判断に従う

### 論理的判断

緊急時でも冷静で、言動は理路整然と
しているタイプ

〈対処法〉
社長の判断に基づき、最良の結果が
出るように行動をする

緊急事態で誰もが判断を躊躇した場合、社長が全ての責任において、直感に任せて瞬時に判断し、セイフティゾーンになることもあります。

また、社長の冷静な判断に導かれて行なったことで、リスクが回避されて命を落とさず助かるということもあります。

やはり結果が全てであり、どちらが良いか悪いかは、判断できません。

この「直感的になるか論理的になるか」という軸についても、自分の会社の社長がどちらのタイプなのかを知っていれば、いざというとき、社長の判断に対して皆さんの取るべき行動がわかり、事前に準備できます。

## ↓社長の判断を補完する役割を果たしたフォロワー

ここで緊急時の社長がどういう行動を取るのかという事例について説明しましょう。私がコンサルティングを行なっている、ある企業の話です。

その企業は、直営店とフランチャイズ店を何店舗か持ち、食品を販売していました。あるとき、消費期限が切れている商品をお客様に販売してしまったことが判明し、緊急対策会議が開かれました。

どういう対処をしようかという議論になったとき、社長が激怒しました。「こんなことがマスコミに出たら大変だ。まずマスコミ対策はしたのか」「こんな不祥事を起こしたのはどこの店だ。担当部長は誰だ」と。

普段はあまり感情を出さない社長でしたが、このときばかりは違いました。感情をあらわにし、怒ったのです。会議室にいた人たちは皆、一瞬にして沈黙しました。社長の質問に、誰もが自分にその怒りの矛先が来ないように、嵐が通り過ぎるようにと、目をつぶり、黙って時間が過ぎることを願っていたようです。


その沈黙を破ったのは、1人のフォロワーでした。

「今問題になっている店のほかにも、同じように消費期限切れの商品を扱っている店舗があるかもしれません。これを確認することが先です」と発言したのです。

さらに続けてこう言いました。

「こういうことが一つの店舗で起こっているということは、ほかの店舗でも起こっている可能性があると見るべきです」と。

まさに正論です。

この役員は、先ほどの社長の直感的な発言から、皆がその対応に意識が集中している状態を論理的に判断しました。そして、「このことがマスコミに出るか出ないかが問題なのではなく、この商品がお客様の手に渡ったか渡っていないかが問題だ」と冷静に判断してこの発言になったのです。

読者の皆さんは、この役員の発言が当然のことで、社長の直感的な発言は明らかに間違っていると感じられると思います。

しかし、そうではありません。このようなタイプの社長を実際に私は数多く見てきました。不祥事や事件が起こると、社長は一瞬の判断で直感的な発言をし、その対応に周囲は冷静さを失います。そして緊急時の対応ではなく、社長の対応に終始するということがよくあります。

この役員は、社長のこのような発言を聞き、自身で社長の判断を補完する役割を行なったのです。事件後の対応はもちろん、今後もお客様に失礼のないよう、会社として真摯な対応をしようとしていることが伝わってきます。

## ↓フォロワーの鶴の一声でトップが出した結論とは

実際、この役員の発言に、社長も冷静になることができました。その後この社長は、皆の意見を聞いたうえで次のように判断し、指示を出しました。

①問題の商品を買ったお客様がいるなら、そのことがすぐにお客様にわかるように知らせること
②お客様には、「消費期限の日にちを間違えて店頭に出してしまった」と、きちんと説明すること
③害があるのかないのかではなく、間違えて商品を売ってしまったことが問題なのだから、確実に商品を回収すること

この社長の場合は最初「直感的判断」を行いましたが、フォロワーのサポー

トで民主的リーダーシップを発揮し、最後は「論理的判断」で解決した例です。

フォロワーとなる人が、社長の意見や考え方に対して「自分とは違う」と思っても、それを変えたり、ましてリーダーシップのスタイルを変えることは簡単ではないと思います。しかし、社長のリーダーシップを補完することが必要だと考えれば、フォロワーだからこそ補完できる、必要な部分があるのではないでしょうか。

社長の根源的リーダーシップのスタイルや思考を理解しているフォロワーこそ、しなくてはならない発言や行動があるのです。そのために日々、社長の本来の姿を把握しておくこと、そして、会社として何ができるのかを考える習慣を身に付けておくことをおすすめします。

# 5

## 3人の成功社長から見る壁の乗り越え方

### ↓成功する社長は失敗経験があっても常に壁に立ち向かう

社長に限らず、人は誰でも様々な経験をして、その結果、成功したり失敗したりします。仮にその経験と同じような出来事が再び起こりそうなとき、目の前に現れた状況を〝経験の壁〟と言いましょう。

〝経験の壁〟が現れると、一度失敗した経験のある人は、その壁に立ち向かうことを躊躇《ちゅうちょ》します。もし成功した経験があれば、もう一度成功するため立ち向かいます。

成功する社長は、失敗経験があろうがなかろうが、まず、壁に立ち向かいます。

ここで、3人の社長の壁の乗り越え方について話したいと思います。

- ●1人目の成功社長→経験の壁を乗り越える社長
- ●2人目の成功社長→経験の壁を壊して乗り越える社長
- ●3人目の成功社長→経験の壁がないかのように突き進む社長

それぞれの成功のカギがどこにあるのかを、順に見ていきましょう。

## ↓経験の壁を乗り越える社長

一人目の社長は「経験の壁を乗り越える社長」です。

経験の壁が目の前に立ち塞がると、躊躇するのが一般的な心理です。しかし、この社長は、今までの経験の中で成功しても失敗しても、その経験からきっちり学ぶことを習慣にしています。

とはいえ、成功したときと同じことをする、失敗したときと逆のことをする、という単純な話ではありません。

**成功にも「良い成功」と「悪い成功」があり、失敗にも「良い失敗」と「悪い失敗」があります。それらを全て見極め、内省し、そこから次の判断をする**という意味です（図４参照）。

「良い成功」というのは、社長が自分自身で判断し、その判断通りの結果が出た場合を指します。一方の「悪い成功」とは、社長自身が意図したわけでもないのに偶然成功してしまったことや、誰かのおかげでそうなってしまったことを言っています。どれほど売上を伸ばそうと、シェアを獲得しようと、それがたまたま起こったことであれば、次に同じことが起こるとは限りません。２匹目のドジョウはないというわけです。それなのに「結果オーライ」と言ってしまう社長は、その時点ですでに壁にぶつかっています。

「悪い失敗」とは、どこからどう見ても失敗、原因もやり方も全て反省するしかない失敗のことです。一方、「良い失敗」というのは、結果的に失敗には違いないけれども、その失敗があったからこそ次につながったとか、もしその失敗がなかったら、先に行なってもっと大きな痛手を受けていたという場合です。

## ↓早いうちに失敗して成功を引き寄せる

近年、ビジネスパーソンの間でイノベーションを起こすための発想や商品開発の思考法として話題になっている「デザイン思考」という思考法があります。デザイン思考の基本は、顧客や市場の要求を起点に、新しいアイデアを形にしていくことです。

この思考法の特徴の一つに、早いうちに失敗しようというコンセプトがあります。詳細に分析して設計、分析して完成品として創り上げた商品やサービスを市場に出すのでなく、アイデアをできるだけ早い段階で商品やサービスという形にまとめ、市場に出すという方法です。そしてユーザーの意見や要望をフィードバックし、その商品やサービスを何度も手直しして完成させていくという手法を指します。

**図4　良い成功・悪い成功×良い失敗・悪い失敗**

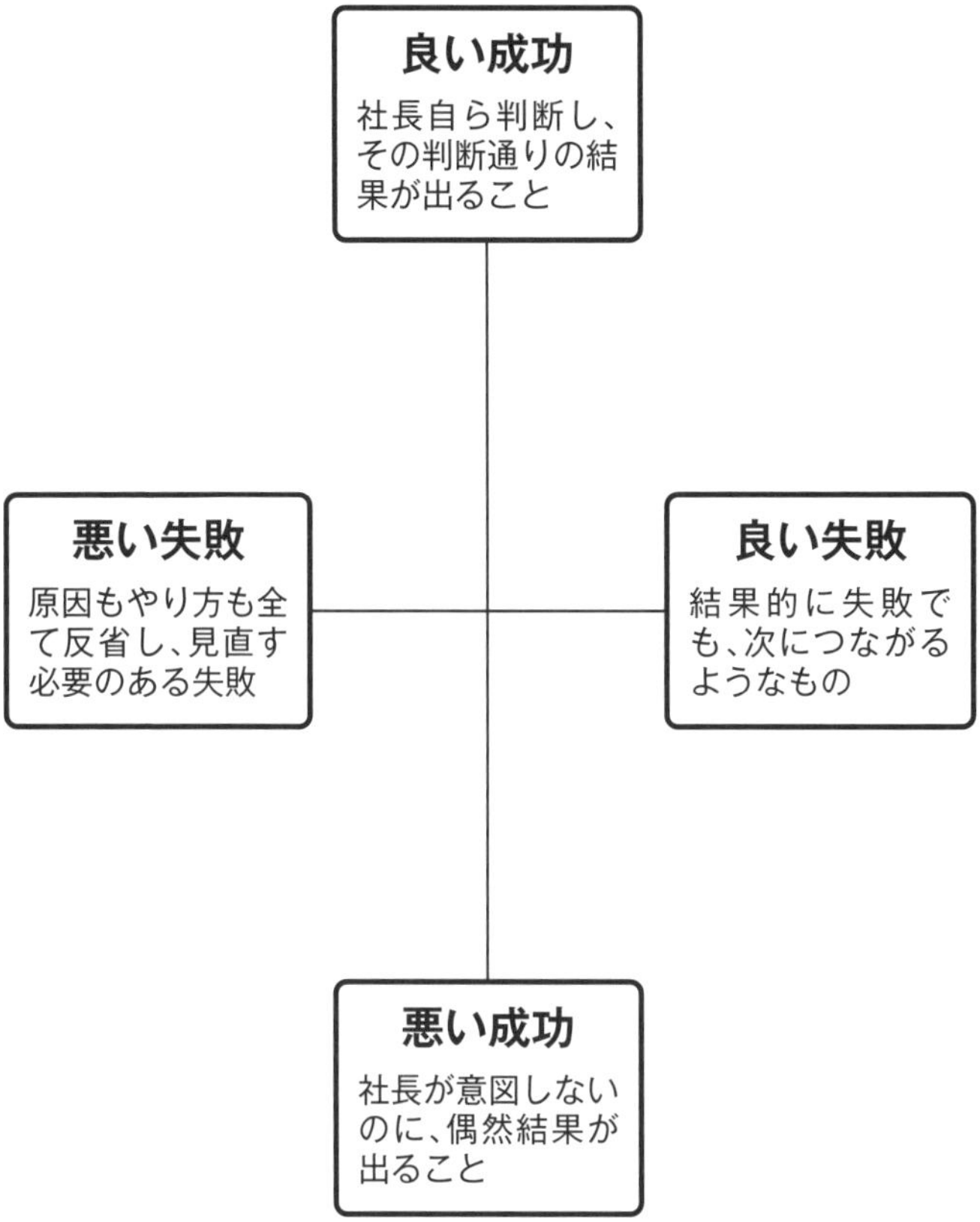
良い成功
社長自ら判断し、その判断通りの結果が出ること
悪い失敗
原因もやり方も全て反省し、見直す必要のある失敗
良い失敗
結果的に失敗でも、次につながるようなもの
悪い成功
社長が意図しないのに、偶然結果が出ること

未完成の商品やサービスを市場に出すのですから、これはある意味、失敗作です。しかし、できるだけ早い段階でどういう点が失敗なのかを把握することで、よりスピーディーに完成品を創り上げることができるというわけです。まさに、これが「良い失敗」になります。

このように**悪い成功と失敗を内省し、良い成功と失敗をバネに壁を乗り越えるのが成功する社長に見られる特徴**です。

## ↓経験の壁を壊して乗り越える社長

では、「経験の壁を壊して乗り越える」とはどういうことでしょうか。それは、今まで行なったことがないことを行なうということです。常識で考えたら、これまで経験し、成功したことをそのまま行なうというのが定石《じょうせき》のようですが、この社長はある日突然、今までとは全然違うことを実行してしまうのです。

このタイプの社長の事例として、カジュアルウェアの販売を全国でチェーンストア展開している企業の例があります。

この企業の社長は、ＩＴ化にはやや否定的で、何でもパソコンでシステム化をしたり、スマートフォンを業務で使用したりすることに消極的でした。少なくとも、社員の多くがそう考えていました。

その企業にコンサルティングに入った当初、社内コミュニケーションの改善や、評価や学習の仕組みをシステム化することを提案しようと考えました。

しかし、幹部の多くは、社長にＩＴの話をすることはタブーであり、過去何回か提案したときも、逆に「何でもかんでもＩＴに頼るな！」と一撃で否定されたと聞きました。しかし、明らかに組織は拡大し、業務効率が著しく悪くなっています。フォロワーと言われる何人かの人は、社長に考え方を変えてもらわなくてはならないと考えていました。そこで私から、あえて人事と教育の仕組みのＩＴ化について提案をすることにしました。社長に、率直に必要性を説明したのです。

すると社長は、「このような提案を社内でいつしてくるのか待っていました。早速行いましょう」と、快諾したのです。

私は「社長は、ＩＴ化をすることは安易であるというお考えだったのではないですか?」と尋ねました。すると社長はこう言いました。

「その通りです。過去に大きな投資を行なったのに、全く機能せず随分色々な所にムダな投資をした苦い経験がありましたから」と。

私は不思議に思って尋ねました。

「それではなぜ気が変わったのですか」と。

すると社長は、

「ムダな投資は今でも絶対しません。私が行ないたいのは、ムダではないIT投資だけです」と言いました。

つまりこの社長は、過去の失敗に躊躇しているわけでもなければ、再度同じ失敗をすることを恐れているわけでもなかったのです。今まで違うやり方を探していたのだとわかりました。

つまり、壁を壊したかったのです。

今まで行なってきたことと一見違うやり方や指示が社長から飛べば、周囲は当然驚きます。

たとえば、それまで先頭に立って会社経営に没頭していたのに、いきなり業務をある程度整理して時間を捻出し、大学院に通い出すという社長がいました。あるいは、従来の社内の組織文化に全く似合わない、今までとは全く違う資質を持った人材を採用するといったことを行なった社長もいます。

突然このようなことを行なうと、従業員は当然びっくりしてしまいます。しかし実は**社長が今までにない行動を取るときこそ、イノベーションを生み出す瞬間**ではないかと思います。**全く新しい発想で、新しいことを実行してこそ、新しい価値が生まれる可能性があるから**です。

## ↓経験の壁がないかのように突き進む社長

3人目の社長は、経験の壁がないかのように突き進む社長です。この社長は、経験の壁を乗り越えることもなければ、壊すこともありません。

多くの社長は、業界や社会の前例や慣例を少なからず壊さないといけないと意識しています。また多くの企業が当たり前のように変革することを必要として、今までとは全く異なるやり方でイノベーションを起こさなくては生き残れないという思考でいようとしています。

毎年、正月明けの日経新聞の一面には、主要企業の社長の念頭挨拶の言葉が一斉に報じられます。そこには「生き残りをかけて」「さらなる変革を起こす」「新たな挑戦」などの言葉がくり返し述べられています。

安定的に成長し、将来に向けて確実に成長を遂げていると確信できる企業は決して多くはありません。むしろ多くの組織は、「ＶＵＣＡ（ブーカ）」時代と呼ばれる、変動的で（Volatility）、不確実（Uncertainty）、複雑（Complexity）で曖昧（Ambiguity）なことが多い世の中で、社長にとっては非常に難しい経営を行なう時代になっています。

一方で、このような社会や業界の状況のときには、全く関係ないかのようにとんでもない成長をしたり、新たな企業が毎年のように生まれます。

ソフトバンクの孫正義社長やユニクロの柳井正社長、ヤマト運輸の小倉昌男社長のように大成功している社長は、今までなかったようなビジネスモデルや業界のしがらみを打ち破った企業として立ち塞がる巨大な壁を乗り越えて、企業を発展させています。

## 図5　3つの壁の乗り越え方

| 社長のタイプ | 定義 |
| --- | --- |
| 経験の壁を乗り越える社長<br> | 今までの経験の中から、成功しても失敗しても、その経験からきっちり学ぶことを習慣にしている |
| 経験の壁を壊して乗り越える社長<br> | 過去に成功したことを行うのではなく、今までとは全然違うことを実行してしまう |
| 経験の壁がないかのように突き進む社長<br>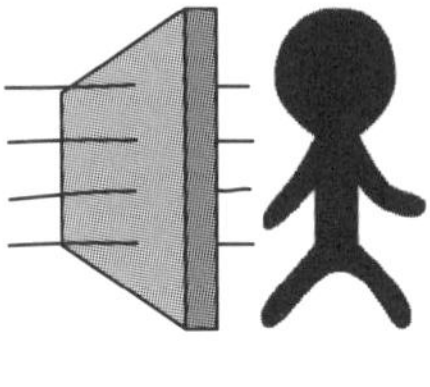 | 「経験の壁など、はじめから存在しない」と考えている。想定できないようなやり方や発想で成功を手にする |

ところが、さらにとんでもない企業、そして社長が日々現れています。リブセンスの村上太一社長、テスラモーターズのイーロン・マスクCEO、ウーバーのトラビス・カラニックCEOなどです。

この社長たちは、今まで全く考えられなかったビジネスモデルや、実行してもムダと言われたビジネスを行ない、誰もが想定しなかったような短期間で成功に導いた社長たちです。

彼らのように時代の寵児として注目を浴びる社長ばかりでなく、皆さんの身近にも、想定できないようなやり方や発想で、それなりの成功を手にする社長はたくさんいるはずです。

これらの社長たちに共通することが、「**経験の壁など、はじめから存在しない**」と考えていることだと思います。

そもそも、過去に経験したこと、慣例やルールなどを全く気にもしていないということです。過去の延長線上に未来はなく、**未来は常に新たな直線を自らが創り出すものだという思考**なのです。

この例に示した3人の社長のタイプは、一見すると大社長の部類に入る人たちであり、「そんな社長ばかりではない」と思われるかもしれません。

　しかし、社長職に就いている人たちは、自分の行動に常に主体的です。何かが目の前に立ち塞がったとき、経験があろうとなかろうと、一度は立ち止まったとしても、必ず前に向かおうとする強いエネルギーを持っている人たちです。このエネルギーを最大限使ってもらい、決して後退しないように支えるのが、フォロワーの皆さんの役割ではないでしょうか。

# 6

# 社内に時差を起こす社長の「体内時計」

## ↓会社は社長の体内時計で動く

私がコンサルティングをしている会社では、社長のフォロワーの方たちから、よくこんな相談を持ちかけられます。

「社長が突然、こんなことをやりたいと言い出したのですが、どう考えればいいですか？」と。

こうした相談の根本には、「社長の考えていることがわからない、でもわかりたい、判断したい、それが良いのか悪いのかという答えを探したい」というもどかしい気持ちがあるのだと思います。

さらに言えば、社長の言っていることを自分の理屈で理解したい、社長にも自分と同じことを考えてもらいたいという希望があるのではないでしょうか。

私としては、フォロワーの方たちのそうした言い分は十分に理解できるのですが、それは無理な相談というものです。社長とそれ以外の社内の人々とは、見ている範囲の広さも違えば、入ってくる情報量も違います。なぜそのような違いが生まれるかというと、社長の生活パターン、行動サイクルが他の人たちとは違っているからです。

社長には、その生活パターンや行動サイクルによって肉体が覚えているものがあるはずです。それは、理屈や精神では推し量れません。つまり、**社長の考えていることがわからないというのは、社長が肉体的に覚えているもの、言ってみれば「体内時計」にあたるものを頭で理解しようとして、時差ボケを起こしているような状態**です。

たとえば多くの社長、特に上場企業のトップの方たちは、たいてい朝早くから活動を開始します。5時には起きて、7時には出社し、9時までの2時間で新聞には全て目を通し、メールのチェックを済ませて、その日のスケジュールも組み立て終えてしまいます。始業時間の9時にはすでに〝トップギアの状態〟で、会議に出席するわけです。

その行動サイクルによって養われたスピード感あふれる体内時計に、始業5分前に出社した社員たちがついていけるはずはありません。だから時差ボケを起こしてしまうのです。

## ↓社長の行動パターンを真似してみる

「社長の言うことがわからない」という場合は、「またわがままを言っているな」と受け取るのではなく、**「これは自分が時差ボケを起こしているんだな」と考えてみることが必要**です。時差ボケであれば、社長の体内時計に自分の時計を合わせるという対策を採ることができます。

皆さんにも覚えがあると思いますが、海外旅行や出張の際、時差ボケをできる限り防ぐには、現地時間に合わせて行動するのが一番だと言います。つまり、つい先ほど機内で食事をしたばかりだとしても、現地に到着するのが昼食の時間であれば昼食を摂る、少々眠くても寝るのは夜まで我慢する、といったことです。

お腹が空いたとか、眠いというのは、身体が発する欲求です。それと同様に、社長が突然言い出す「あれをやりたい」「これをこうしなければいけない」というのも、体内時計が原因で起こる欲求なのかもしれません。だとしたら、フォロワーの皆さんが自分の時計を社長の体内時計に合わせてみれば、きっとその欲求を社長と同じように感じることができるのではないかと考えています。

そのために、社長がどんな生活パターン、行動サイクルを持っているのかを知り、自分もまた同じことを実行してみること。社長が朝食や昼食に食べるものが決まっているようなら、真似してみること。**生活パターンや行動サイクルを社長に合わせてみることで、見えてくるものがきっとある**はずです。

第2章

# 社長の思考はチョット違う！

～特徴的な社長の思考について考える～

社長と従業員とでは、良い意味でも悪い意味でも、会社の見えている範囲が根本的に違います。見えていることが違えば、当然、考え方が理解できないことがあったり、社長とは違う考え方を持ったりすることもあると思います。

こんなとき、たとえ社長のフォロワーである皆さんが、「社長の考え方はおかしい。普通ではない！」と思っても、社長の考えは、それとは全く違っていた、ということがごく当たり前に起こります。そんな経験はありませんか？

そこで第2章では、従業員とは異なる、特徴的な「社長の思考」について紹介します。皆さんの会社の社長はどれに当てはまるのかを考えてもらいたいと思います。

# 1

# 社長の「キャリア観」はチョット違う！

## ↓なぜ社長の言うビジョンが従業員に伝わらないのか？

よく会社の社長が「わが社は5年後、こんな風になりたい」という風に、ビジョンを語ることがあると思います。ですが従業員にとってそれは、現実味がないと感じられることも多いのではないでしょうか。

その原因の一つが、社長と従業員のキャリア観の違いです。

ここで、社長と従業員とでキャリア観がどのように異なるのかを紐解いてみましょう。

ここで言うキャリア観とは、自身が所属する会社の中で、職位を上げていくということです。さらに、単純に昇進するということだけでなく、昇進によってこれまで以上に仕事ができるようになったり、専門性が高まっていくといったことも含まれています。

このように、**対外的な役割や責任が広がり、自身の能力も右肩上がりで成長することが「キャリア」のイメージ**です。

## ↓社長にとっての「キャリア」とは？

ここで社長のキャリアを考えてみましょう。

社長には上司もいませんし、昇進もありません（会長という道はありますが）。

それでは、社長のキャリアとは何でしょう。

社長とは会社の頂点で、キャリアはそこで行き止まりなのでしょうか。

以前、上場企業から中小企業まで、何人もの社長に、「社長の次はどうなりたいのですか?」と直接質問をしたことがあります。驚いたことに、お答えいただいた社長のほぼ全員が同じ答えでした。それは、「早く社長を辞めて全く違うことをやりたい」という回答です。もちろん、その回答の真偽はわかりません。

しかし第1章の「マズローの欲求5段階説から考える社長の欲求進化論」でも説明したように、社長にも当然、欲求があります。そこで述べたように、社長は会社の成長段階や組織環境によって、欲求も異なります。この社長の欲求が、自身のキャリア観に大きな影響を与えると思います。

そしてもう一つ社長のキャリア観を聞いたとき、創業社長なのか、たたき上げの社長なのかによっても異なることに気づきました(この違いは後述します)。

もし、あなたの会社の社長に自身のキャリア観を聞く機会があれば、一度勇気を持って聞いてみてください。

## ↓創業社長とたたき上げ社長のキャリア観

創業社長と、従業員の中から選抜されて就任した、たたき上げ社長とでは、キャリアに対する考え方はちょっと違うという気がします。たたき上げの社長とは、外部から社長に就いた社長も含みますので、創業社長とそれ以外と考えてください。

創業社長は、もともとキャリアには終わりがないものと考えているはずです。そもそも多くの創業者は、何かの夢を持ち、それを追い続けるために会社を創っています。会社が動き始めると、よほどのことがない限り、自分で辞めることはありません。会社は永久に成長を続けなければならないと考えます。ですから、自分の夢をいつまでも追い続けるという強い思いは、何年経っても胸の奥でふつふつとたぎっているでしょう。そして、自分が夢を追い続ける限りは、いかようにも道が拓けるという信念があると思います。

その分**創業社長は、会社を続けることがキャリアであり、その未来は自分次**

**第**と思うことが多いと思います。つまり将来のキャリアの選択肢が数多く残されているというイメージがあります。

## ↓たたき上げ社長のキャリア観

では、たたき上げ社長のキャリア観はどうでしょうか。

従業員から選抜された社長の場合は、会社員として昇り詰めたという喜びや達成感とともに、すさまじいプレッシャーを感じながらそのポジションに就いたはずです。しかし、将来いつかは退任するときが来ることも意識しているはずです。

自分で決断をするのか、あるいは自分の決断以外の何かの要因でそうなるのかは別にして、将来的に社長の座を譲ったとき、責任から開放され、激務に押しつぶされそうになることもなくなる、ということを心のどこかで望んでいる気がします。つまり、**今のキャリアのその先には、自分の足かせとなるような何かが〝なくなる〟キャリア観を持っている**のではないでしょうか。

## ↓創業社長の考えるキャリア観

ソフトバンクグループが創業30年の節目を迎えた２０１０年の定時株主総会において、創業者の孫正義ソフトバンクグループ代表が「ソフトバンク新30年ビジョン」を発表しました。この内容が、世の中に大きなインパクトを与えたことを記憶している方も多いと思います。

同グループは全社員約２万人という巨大企業グループで、それだけでも十分、人々に大きな影響を与えています。それに加え、さらにこれから「最低３００年続くソフトバンクグループのＤＮＡを設計する」という壮大な計画を明らかにしたことで、より強く人々の印象に残ったと思います。

孫代表の計画は、創業者である企業トップの将来設計の中でもとりわけ度肝を抜くものだと思いますが、創業社長というのは大なり小なり、他の人には考えも及ばない将来設計を常日頃から考えています。

この壮大なビジョンを創り上げたとき、孫代表は同時に、後継者育成の計画も公開しました。その後、米グーグル最高事業責任者だったニケシュ・アローラ氏と直接交渉し、孫代表の後継者候補として、2014年9月にソフトバンクに移籍させました。初年度の報酬が、移籍金を含めて165億円にのぼったことは、記憶に新しいと思います。ところが、2016年6月に、副社長となったニケシュ・アローラ氏の退職が報じられました。

## ↓副社長突然の引退に隠されたストーリー

就任から2年もたたないこの突然の引退には、孫代表のキャリア観が大きく影響しています。

孫代表は、以前から60歳の誕生日に経営を引き継ぐことを公言していました。ニケシュ・アローラ氏もそのことを合意の上で移籍していたのです。ところが今回、アローラ氏の退職の理由は、孫代表が60歳を過ぎた後も代表を続ける意志に変わったことが理由でした。

巨額で買収した米携帯会社スプリント社の再建を始め、ロボット事業やＩＯ

T事業など、新たな事業展開に向けてさらに大きなビジョン構想を打ち出し、自ら率先する孫社長は、少なくともあと5年から10年は（自身が）社長として率いていく必要があると宣言しました。そのため、孫代表は「自分が社長を続けるあと数年の間、ニケシュ氏をトップになるまで待たせてはいけないと考え、ニケシュ氏と話し合いの末、円満退任になった」と発表がありました。一般人にはとても理解が困難な話です。しかし、この孫代表の判断こそが、創業者のキャリア観とも言えます。

# 2 社長の「金銭感覚」はチョット違う！

## ↓社長にとって1万円も1000万円も、同じ「稼いだお金」

「金銭感覚」ほど、社長と従業員との間で大きく乖離があるものはないと言って良いかもしれません。

社長が考えている1円の重みと従業員のそれとは大きく異なります。そのことが、コミュニケーションがスムーズにいかない原因になっていることも少なくありません。そこで、社長の金銭感覚について説明したいと思います。

私の経験上、今までお付き合いをさせていただいた社長の多くは、人によってお金の使い方が本当に極端で色々だと感じています。

吝嗇《りんしょく》家で、「質素に生きることが信条。贅沢は絶対しない」という社長もいれば、身に付ける物から食べる物まで、全てに一流品であることを求め、驚くほど贅沢に暮らしているという社長もいます。

ところが、ビジネスに関する金銭感覚は、驚くほど共通しているところがあるのではないかと、これまで多くの経営者を見て感じてきました。

その共通点は「**たとえ1万円だろうと、1000万円だろうと、お金はお金。価値があれば何千万円でも投じるし、価値がなければ1万円でも使うのはムダ**」というものです。

従業員の立場では、やはり同じお金でも、1万円と1000万円の間には大きな開きを感じるはずです。

たとえばA社とB社の見積もりを基に社長の決裁を取らなければならない場合に、A社とB社のどちらを社長へ勧めるか迷ったとします。こんなとき、「値段にほんの少しの差しかないなら、どちらを選んでも良いかな」と考えたとしてます。しかし社長にとってその「少しの差なら」という考えは、全く甘いのです。

## ↓人間の欲を知ったうえでお金をどう管理するか？

ここで、私が社長の金銭感覚を肌で感じたエピソードをお話ししましょう。それは、私が日本マクドナルドの営業統括本部で、全社で進行中のプロジェクトや、日々全国の店舗で起こる事故・事件に関する情報が全て集まるポジションに就いていた頃の話です。

深夜、閉店後の店舗に泥棒が入り、その日の売上金数百万円が盗まれるという事件が続いたことがありました。

全国にチェーン展開しているため、様々な立地や規模の店舗がありましたが、事件が起こる店は、たいていい同じようなレイアウトで、似たような立地でした。

そして、管理のオペレーションが統一されていたこともあり、そこを突かれて、同じ犯人から集中的に狙われたために起こった事件でした。

もちろん、夜間にはセキュリティー会社によるシステムが稼働していて、店内に不審者が侵入したときにはわずか5分で担当者が駆けつけてくれることになっていました。しかし犯人は見事にその隙を突いて、わずか3分30秒から4分で逃げ去っていたのです。

このとき、私は当時の社長の藤田田氏に直接報告をしました。その際社長は「お金を盗まれるのは、盗まれるような仕組みを作ったおまえが全部悪い。お前はお金を盗まれることをどう思っているんだ？」と問われました。

私が返答に詰まっていると、藤田社長は続けて言いました。

「もしここに100万円の札束があって、誰も見ていないことがわかれば、お前はこの札束を取らないのか？」と。

私は「もちろん取りません」と答えました。

社長はさらにこう言いました。

「なぜそう言える。それでは、お前が金に本当に困っていて、そして、絶対に誰も見ていないとしよう。それでも盗まないのか」と。

私は「それでも盗みはしません」と答えました。

社長は「お前はそう言うかもしれないが、世の中の人は、金のことになると信じられないくらい様々な人格が出てしまう。普段は人の物を盗もうなどと考えない真っ直ぐな人であっても、つい欲が出て手を伸ばしてしまうものだ」と言いました。

何回も盗まれるのは、お金を管理するという意識が弱いということ。そして「ここにお金がありますから、持って行ってください」と言わんばかりの仕組みにしてあることが悪いという理屈です。

それを言われた当時、私は「変わった感覚だな」と感じたくらいで、経営者がお金に対して本当はどんな感覚を持っているのかということに思い至りませんでした。しかし、だんだん年月が経ってから気づいたのは、「**経営者とは、お金の力を誰よりもよく知っている**」ということです。

お金にはどれだけの価値があるか。お金が人の心をどういうふうに動かすのか。それがお金の力というものです。そして、その力が大きいからこそ、たとえ1円でもそれを盗まれるとか、ムダにしてしまうということに、鋭い痛みを感じてしまうのです。それが自分で稼いだお金を1円たりともムダにしないという経営者の執念だと知りました。

### ↓贅沢と思われても出費を惜しまない社長の考えていること

反対に、お金の力がわかっているからこそ、価値があると考えていることには豪快にお金を使う社長もいます。とある企業の事例をご紹介しましょう。

サービス業を展開しているその企業は驚異的な利益を誇り、業界トップの座を守り続けています。社長はプライベートでは惜しげもなく贅沢をしていて、身に付ける物や持ち物も高級品。ちょっとした食事の席でも、1本何十万円もするワインを平気で空けてしまうという人です。

しかし、この社長にとって、贅沢はけっしてムダなことではありません。最高の物、最高のサービスを常に味わうことで、自社の事業についても最高のサービスを提供するだけの感性を身に付けられるというのが社長の信条でした。

この社長のすごいところは、自分だけでなく、従業員にも同じ感覚を身に付けさせようとしている点です。

都心の老舗ホテルで開催されたその会社の創立記念パーティーに招待されたときのことです。全社員をパーティーの前日に集めて、まず、あらかじめ呼び寄せてあった何十人ものプロの美容師に髪型を整えさせました。

さらには、全員に、お披露目にふさわしいおしゃれをさせたのです。

パーティーにはもちろん、社外のお客様が数多く集まり、従業員は接待役としてそこに出席します。

この社長の本当にすごいところはその後でした。1時間半ほどでパーティがお開きになり、お客様が全てお帰りになるや否や、その会場を改めて整え直し、新しい料理を運んで来させました。そして従業員の家族も呼び、従業員のための2次会を始めたのです。

自分の会社の従業員にも身を持って贅沢を体験させ、最高のサービスとはどういうものかという感性を身に付けさせる。そこに多額な投資をすることは、この社長にとっては決してムダなことではなく、大いに価値あることなのです。

それにしても、なんとも豪快なお金の使い方ですよね。

## ↓「1円のムダもゆるさない」という考え

ここでぜひお伝えしたいのは、あなたが勤めている会社の社長が、もしコピー代を1円単位で管理し、仕事場の照明を細かく消して歩き回ったとしても、そこだけを見て「大した額でもないのにお金のことにうるさすぎる」「社長はお金に細かすぎる」などと思ってはいけないということです。

多くの社長は、自分の会社にとって価値があるのかないのかを鋭い目で判断しています。たとえ1円のムダでも許せないものは許せません。それが社長の金銭感覚というものだと理解しようとすることが、社長と一緒に仕事をするうえではとても大切です。

# 3

# 社長の「覚悟」はチョット違う！

## ↓後継社長の覚悟はすさまじいものがある

同じ社長でも、創業社長か後継社長かによって、覚悟の度合いが違ってきます。社長の側で働く以上、この社長の覚悟の度合いを知っておくと、きっと何かの助けになります。

誰よりも強い覚悟で社長業に臨んでいるのは、後継社長ではないかと思います。というのも、自身が従業員という立場から勝ち上がってきて、会社員人生の最後のポジションであるトップになったということは、誇りや責任、権限の重さなど、誰よりも自分自身が理解しているはずだからです。

　自分の上にはもう誰もいない一方、下から自分を追いかけて来る人ばかりがたくさんいます。さらにその人たちは皆、前任の先輩社長のこともよく知っています。これは、負けられないですし、戻ることもできません。ましてや、逃げられもしません。もう前に進むしかないのです。当然、やる気は満々です。「やるぞ」という覚悟を持っています。


　創業社長にも決して覚悟がないわけではありませんが、創業社長は創業ならではの覚悟を持っています。

　創業社長はもともと、一人で事業を立ち上げています。それからだんだん仲間が集まり、次第に売上が上がり、今の規模の会社になったわけですが、その過程を全て経験しています。

　従業員たちも、心の中でどう思っているのかはともかく、表立って社長の言うことを否定したり、社長に異を唱えたりすることがほとんどないことが一般的です。その意味では、自分が創り上げた会社の全てに責任を持ち、「これからも永遠に続けていくぞ」という覚悟があります。社長業を引き継ぐことになった後継社長と創業社長は、それぞれ異なる強い覚悟を持っているのです。

## ↓表立って社長になるイメージを持っている人は少ない

私が若手リーダーの育成プログラムを開発してきた過程で、こんなエピソードがあります。

若手のリーダー候補に対する研修の際、私はまず、「皆さんは社長になったイメージが持てますか」と質問するようにしています。そうすると、参加者の9割以上が「あまりハッキリとしたイメージができません」と答えます。これから上のポジションに昇ろう、リーダーになろうという人たちでも、その会社のトップに立つイメージなど、とても持てないのが普通なのです。

私は、社長になった多くの人が、最初から社長になろうとは考えていなかったと思います。創業社長、つまり自分で起業する人は、「社長になりたい」と思って起業するわけではなく、何か自分がやりたいことがあって、それを叶えるために起業という選択をしただけではないでしょうか。自分で立ち上げた会社なので、結果的に自分が社長になったのだと思うのです。

ましてや、会社員から選抜されて就任した後継社長が、自分が社長になるイメージを最初から持っていたはずがありません。

いずれにしても、会社のトップに立ったからには、覚悟を持つしかないのです。

今の時代は混沌としていて、変化のスピードも速いので、従来のやり方をただ続ける延長線上に、未来はないと思います。これまで予想もつかなかった大きな変化が起こるのが当たり前という環境で、創業社長も後継社長も、今までと同じことをやっていても会社の発展は望めません。それなら、**自分の未来は自分で切り拓く、そのために自分の動かす組織も自分で作る。そんな熱い思いを社長に持ってもらうべき**だと考えています。その覚悟を社長が持っているという前提で、支える側も臨まないといけないのです。

# 4 社長の「成長スピード」はチョット違う！

## ↓社長の成長スピードは、子どもの成長スピードを遥かに凌ぐ

社長の側で直接指示を受ける立場の人は、本当に大変な仕事だと思います。常に社長から指示や方針が下され、それを社内に伝え、社内からは、その指示や方針について様々な意見を受けていることと思います。時には、その指示や方針も、突然変わることもあるかもしれません。そんなことも、一回や二回のことではなく、変わることは日常茶飯事という人もいるのではないでしょうか。もしかすると、社長の一言一句に日々振り回されているという人も、読者

の中にはいるかもしれません。

このように社長の側で働く人たちは、社長の指示や方針を聞いて、伝えるべき必要な人に社長の想いを正しく伝えることが欠かせません。そしてそのためにはまず、**社長を支える存在として、社長自身がどのような人間なのかを理解することが必要**です。

多くの社長に共通することで、まず理解すべきことは、その成長スピードです。社長職に就くような人は、成長するスピードが、普通の人の成長スピードとは全く違うことを理解すると良いと思います。**社長は、普通の人よりはるかに早く成長する**のです。

社長というのは、1日に何十回、何百回もの経営判断を行なっていくことが求められます。人より多くの情報を持ち、多くの人に会い、多くの人たちから注目され、多くの試練を乗り越えているのが社長です。

ですから、時間の流れが他の人たちとは圧倒的に異なります。他の人たちの1年が、社長にとっては5年、10年、あるいはそれ以上の濃密な時間になるということです。

社長は他の人たちの何倍、何十倍もの、ものすごいスピードで成長していく生き物なのです。

## ↓人は、成長すればするほど子どもに帰る

そして、社長を支えるうえで、もうひとつ理解しておいたほうがやりやすいことがあります。それは、人が成長すると、子どもから大人になり、最後は子どもに還るということです。同じように社長も、成長が早いほど、年々子どもに返っていくということです。

それではなぜ、「成長する」のに、「大人になる」のではなく、「子どもに還っていく」のでしょうか。

人にもよりますが、人間の寿命を考えたとき、だいたい生涯90年といったところではないかと思います。こうした中で、生涯の3分の2くらい、60歳を過ぎたあたりから人は、良くも悪くも、子どものようになっていくことがあります。これを〝子ども化〟と言います。読者の皆さんのご両親や身近な年配者を

見ていても、そんなことを感じる機会がありませんか。

## ↓多くの社長が直面する〝子ども化〟とは何か？

〝子ども化〟というのは、単に幼稚になるとか、自分一人では何もできなくなるという意味ではありません。**子どものように本能に近い部分で考え、発言し、行動するということ**です。何かで取捨選択をする際も、子どものように純粋に向き合い、本能に従いある意味、哲学的になっていく人が多いように思います。

子どもの頃は、楽しければ喜び、悲しければ泣きます。そのうち、物事の道理がわかるように、喜怒哀楽を自分なりにコントロールするように成長します。そして歳を重ねるうちに、辛いことも楽しいことも様々な経験をするようになると、多少の経験では物事に動じなくなります。

さらに自信も出てくると、自分の想いを何が何でも通すようになります。わがままになることもあります。中には、子どものように自由奔放に振る舞う人も出てきます。これが子ども化するという意味です。

社長というのは、普通の人より成長が早いと前述しました。社長の欲求がどのような段階を辿って進化していくのかは第1章で詳しく説明しましたが、最初は「自分の会社を成長させたい」という欲求からスタートし、社長はどんどん進化していきます。行き着く先は、自分の欲を離れ、周りの人たちや社会に対して役立つため、純粋に自分の使命を果たそうとする段階です。これなども、子どもの純粋さが増していくことで、「自社の存在価値とは何か」「自社が社会で果たすべき役割は何か」を追求するという哲学的な境地に到達する、一種の〝子ども化〟を示しています。

成功している社長ほど猛スピードで成長しますし、子ども化し始めるのも早いと言えます。ですから、**若くして社長のポジションに就いた人であれば、たとえ20代、30代であっても人より成長し、どんどん本能的、哲学的になっていくという傾向があります。**

## ↓成長スピードの速い社長ほど、わがままになりやすい

社長というのがわがままな生き物であるというのも、この成長スピードの異様な速さと無関係ではありません。

社長にこれほどの成長スピードがもたらされるのは、日々判断のくり返しによって、他の人より時間が濃密になっているためであることはすでに述べました。

社長は、あらゆる事象・現象を見て右か左かの判断をしています。そしてもちろん、自身の判断について、全ての責任を負うのです。社長職をしている限り、こんなことをくり返しているので、経験の長い社長ほど、判断するということに年季が入ります。

ときには自分の判断に対して、社内から反対意見が挙がることもあるでしょう。その反対意見を抑えるには、あるいは賛成に転ずるように仕向けるにはどうすればいいのかということに、それこそ膨大なエネルギーを注いでいます。

多くの社長には、面と向かって反対したり、意見するような上司がいるわけではありません。上場企業であれば、株主が真っ向から反対意見を唱えるようなこともあるかもしれませんが、それでも一般の従業員に比べれば、誰かに意義を唱えられる場面はかなり少ないでしょう。

したがって社長は多くの時間、**「己の判断が全て」**なのです。常に自分の意思で判断し、自分で責任を取っています。自分の判断が経営に直結することもよく知っています。だからこそパワーの使い方をコントロールし、自分の意見を押し通そうと思えば押し通せるし、「ここは引いておこうか」と考えれば、引くこともできます。

まさに自分の意のまま、「我《われ》がまま」というわけです。

こんなことをずっと続けていれば、どんな人でもわがままになります。わがままにならざるを得ません。社長としての経験年数が長ければ長いほど、わがままの度合いもまた強くなっていくはずです。

ただし、社長一人ひとりで、何に対してわがままを発揮するのかは違ってくると思います。「自分が一度決めたことは絶対に曲げない」というのもわがままの一つの形ですし、「いいと思ったらすぐに方向転換、朝令暮改」という形や、「いつも優柔不断、とことんまで悩んで決める」という形もあります。

ただ単に「うちの社長はわがままだ」と言って片づけてしまうのは簡単です。しかし、それでは何も始まりません。自分の会社の社長は、いったいどこで我を通そうとするのか。何に判断基準を置いているのか。そこを探り、理解しようとすることが、側近としては欠かせないことを覚えておいてください。

# 5 社長の「夢」はチョット違う！

**↓夢は憧れや期待ではなく、必ず達成するものby社長**

日本人の多くは、「夢」というと、眠っている間に見る夢、あるいは覚めてみる夢でも〝達成することのない憧れの世界〟を思い浮かべることが多いようです。

しかし、社長が抱く「夢」は、それとは違います。社長にとって、「夢」というのはあくまでも実現するもの。自分が「こうする」と決めて目指しているものです。「目標」よりさらに大きな挑戦に近いかもしれません。

社長によって、この「夢」を明確に持っている人もいれば、いつも「夢」を探し続けている人もいます。というのも、最初に事業を起こしたときから、「これを実現したい」と決めている人ばかりではないからです。

たとえば創業社長が、奥さんと二人でモノづくりを始め、それが事業へと育ち、やがて会社として成り立っていくときのことを考えてみてください。

奥さんと自宅の一角で、コツコツとモノづくりをしていたときは、「きっとこれが売れる」だったり、「これが売れないと食べていけない」という単純な理由から働いていたのではないでしょうか。

それが、10年経ち、20年経って会社が大きくなり、「もっと良いモノを作らなければならない」「世界中の人にこの商品を使ってもらいたい」「世の中にもっと貢献しなければならない」というような夢を言葉にし続けているうちに、実現できていきます。それが積み上がっていくことで、夢はさらに膨らみ、しっかりと創り上げられていきます。

このように、社長の考えるミッションやビジョンも、洗練された言葉としてできあがっていく場合が案外多いのではないかと考えています。

## ↓社長が自分の口で語る夢ほど、どんどん実現していく

ここで大事なことは、**社長が心から抱いている夢は、本当はどんな夢なのかをフォロワーとして、しっかり捉え、理解し、応援していく**ということです。社長が自分の夢を自分の言葉で語れば語るほど、その夢は形になり、実現していきます。まずは**社長に夢をどんどん語ってもらう機会を持つこと**です。

日本のビジネスパーソンの場合、そういったことを語り合うことが多いのは酒の席かと思いますが、もちろん、リラックスして語ってもらえるなら、ランチの席でも会議の場でも構いません。フォロワーの皆さんが、社長から、「自分の夢を素直に話したい」と感じさせる存在であってもらいたいと思います。

私がコンサルティングを行う際のプログラムにも採り入れていますが、従業員の前で、社長が自らの生い立ち、会社を大きくするまでのことや、そこからどのような夢が生まれていったのかを語ってもらう場を設けて、皆でそれを聞くというセミナー形式の場があります。

そのような形で社長が自分の夢を多くの人たちに直接伝えることももちろん有効ですが、フォロワーの方たちもまた、社内外の第三者に、社長の夢を伝える努力をしていく必要があります。

その際には、社長がいつも口癖のように言っている言葉、あるいはビジョンやミッションとして掲げている言葉などを使って、自分事のようにくり返し話すと良いでしょう。**何度も何度も社長の夢を語り続けているうちに、あなた自身の中にも社長の夢が宿るようになります。**それは決して実現不可能な「憧れ」などではなく、いつか達成するべき目標として、くっきりとした輪郭を持ったものになっていくはずです。

# 6 社長の「謙虚」はチョット違う！

## ↓控えめ、慎ましいだけではない、社長らしい「謙虚」とは？

一般に、「謙虚」という言葉から連想するのは、「控えめ」とか「慎ましさ」ではないかと思います。しかし社長の「謙虚」とは、それとは違うのではないかと考えています。

私がこれまで、多くの社長と接して「社長の謙虚さとは、ここに表れるものなんだな」と感じたのは、社長が「もっと学びたい、成長したい」という姿勢を見せているときです。普段は偉そうに、強そうにしている社長が、ふっと素直にそんな姿勢を見せているときこそ、社長らしいのではないでしょうか。

私がマクドナルドに勤務していた頃、当時の藤田田《ふじたでん》社長に定期的に各部門の責任者が活動の報告をする場がありました。ところが、人材育成の責任者だった私の役割である人事・教育の話題は比較的後回しにされていました。そこで私は、この会議とは別に月に一回、45分間だけ、一対一で話す機会を作ってもらっていました。そこで、はじめて社長の謙虚さを発見したのです。

普段、社長出席の会議の場などで見る藤田社長は、「それはいつまでにできるんだ」「ほかに方法はないのか」「その原因は何なんだ」といった具合に、次々と質問攻めにしていました。

しかし、私が一対一で話したときの藤田社長は、同じ質問攻めでも、私が持っている生の情報や、私の専門である人事・教育のことについての質問攻めでした。そして、返答すると、それに対して社長は意見を言い、さらにその意見についての意見を求められたのです。私にとっては緊張する時間でしたが、自分の専門領域に関する社長の考え方を垣間見る貴重な時間でした。

また、別の場面でも、意見を求める質問は続きました。

あるときたまたま大阪出張に行く際、羽田から伊丹空港までの飛行機で藤田社長と隣り合わせの席になったことがありました。

飛行機が着くまでの50分間、「この間出したあの戦略についてはどう思うか」「アメリカ本社は日本の経営についてこう言っているが、それについてはどう考えるか」といった質問をずっと受けました。

私は当時、日本マクドナルドの人材教育部門のトップだったので、〝教育のプロ〟としての意見を求められたのです。


このようなエピソードを思い出すと、このような社長の質問、疑問というのは、ある意味、真実、事実をもっと知りたいという謙虚さなのだと改めて思います。トップとは、企業経営を全て把握している必要があるとはいえ、本当にオールマイティーな人などいるはずがありません。とはいえ、自分が教わりたいことを、誰にでも聞くわけではありません。**信頼しているからこそ素直に質問できる**のです。

**ですから、たまたま社長と二人きりになる機会があった場合、貴重なチャンスだと思ってください。飛行機でも列車でも車でも、隣り合わせで移動をすることになったとか、たまたまエレベーターに乗り合わせたといった機会も全てチャンスです。特に一緒にランチをできる機会などは、絶好のチャンスです。**

そういったときこそ、社長がいったい何を知りたがっているのか、その本音が素直に、謙虚に、こぼれおちてくる可能性が大いにあります。

# 第3章

# 社長を支える人の基本10ヶ条

私はこれまで、たくさんの社長とそのすぐ側で働く人の関係性がどんどん良くなり、信頼し合い、組織が強固になる場合を見てきました。一方、みるみる関係性が崩れ、パフォーマンスが発揮できない組織になる場合も見てきました。その中で、社長を支える人の違いは何かを分析したところ、社長にとって良いフォロワーは、明らかに10の基本的なことを守っていることがわかりました。これを10ヶ条にまとめたのが本章です。全ての基本ができていないと、社長を支えられないというわけではありません。あなたが一流のフォロワーとして社長を支えるにはどの基本から始めると良いのか、考えるヒントにしてください。

# 1

# どのポジションから社長を支えるのかを考える

**↓あなたを家族に例えると、どの役割ですか？**

誰もが所属する最小単位の組織であり、最も強い絆を結ぶことができるのが家族です。社長を取り巻く人たちも一つの家族として考え、フォロワーとしてどのような役割ができるのか考えてみましょう。そうすれば、あなたらしく社長を支えることができます。

さて、あなたは家族で例えると、社長にとってどのタイプですか？

●長男タイプ
社長のすぐ側にいて、社長の背中を見て育ったタイプです。社長が手塩にかけて育てており、信頼されています。言われなくても、社長の考えていることを自分なりに理解しています。

時には社長と意見が食い違うこともありますが、そのときは、真摯に向き合い話し合うことで、社長の考えている本質をすぐに理解することができるため、さらに深い絆が生まれます。普段は、社長に黙ってついて行きますが、いざというときは、最も主体的に行動するのが長男タイプの底力です。

●長女タイプ
社長からかわいがられている存在です。細かいことを言われなくても一通りの仕事ができ、常に努力し、確実に成長しているので社長からは期待されています。周りから見ると普段は社長と少し距離を置いているように見られるかもしれませんが、実は最も社長のことを気にしています。他の人が気づきにくい社長のダメなところに気づくのもこのタイプの特徴です。そして、社長に言いたいことを率直に言ってしまうのも特徴で、社長からすると少し口うるさい小姑的な存在でもあります。さらに、社長が失敗しないように的確なサポートをする能力もあります。

## ●弟・妹タイプ

誰から見ても、社長にかわいがられている存在です。それは自身でも気づいていて、社長のことを心から尊敬しています。

基本的には社長に対して素直で従順。社長にとっても、側に置いていて安心できる存在です。反面、社長が色々と気になり始めると「ああしろ、こうしろ」と命じられることもあります。

このタイプは、一生懸命社長について行くうえ、確実に成長するので、諦めずに努力すれば必ず、社長から絶対的に頼られる存在になれる可能性があります。

●母親タイプ

社長にとって、まるで母親のような存在です。社長を包み込むような気持ちで社長のやることを見守っています。社長と離れたところで働くことがあっても、たとえ、社長から嫌われているかもしれないと思うことがあっても、そのことを表立って気にする態度は見せません。やるべきことをしっかりと行なうことができるのが、このタイプの特徴です。あまり目立つタイプではありませんが、常に落ち着いて真面目に仕事に取り組むため、社長からは絶大な信頼を得ています。

●父親タイプ

社長を静かに見守るという意味では、母親タイプによく似ています。たとえ社長から嫌われているかもしれないと思うことがあっても、そのことを表立って気にする態度は見せません。母親タイプと異なるのは、普段はあくまでも寡黙なのに、ときには社長に苦言を呈するのは自分しかいないという強い使命感を持っているところです。社長より経験が長かったり、年上の場合に、このようなタイプが多いようです。

## 図6　5つの家族タイプ

| タイプ | 役割 | 気をつける点 |
|---|---|---|
| 長男タイプ  | 信頼できる相談相手 | 明らかに間違っていると思ったら、黙っていないで社長のために意見を言うことを怠らない |
| 長女タイプ  | 信頼できる相談相手（少々口うるさい） | 時には煙たがれることもあるが、社長のために必要と思ったら、真摯に社長の理解が得られる努力をする |
| 弟・妹タイプ  | 素直で従順。かわいがられるタイプ | 社長から色々細かいことを言われてもあきらめずに努力する |
| 母親タイプ  | 静かな見守り役 | 信頼されて任されるため、報連相が重要。社長と意見が食い違ったときは、真摯に向き合い話し合う |
| 父親タイプ  | いざとなったら苦言を呈する役割 | 社長に直接言いたいことがあれば、社長の気持ちや性格を考え、理解してもらえるように説明をする |

このように、代表的には5つのタイプがあります。社長とフォロワーであるあなたとの関係が、家族関係に例えればどのような関係に当たるかを考えてみてください。社長を支えるうえであなたの役割を見つけることができます。

# 2 コンシェルジュの姿勢で対応する

**↓ 社長のわがままだなと思うことを受け入れることができますか?**

第2章で、社長は従業員の思考とチョット違うというお話をしました。社長の側で働く皆さんにとって、社長が言っていることは、時としてわがままに聞こえることも説明しました。しかし、これは子どもが親の言うことを聞かないわがままだったり、自分本位のわがままとは違います。社長のわがままは、「我がまま」、つまり、「我が考えていることを行うべき」というリーダーシップの表現の一つであるわがままと言えます。

このわがままにどう対応するのかといったことを考えてみましょう。

社長というのは絶えず決断をしています。それも、そのほとんどは、社長しかできない判断、もしくは社長が最終で判断する意思決定です。つまり、社長が下す決断そのものが〝答え〟なのです。日々の業務を通じて、自分の意志で決定する機会が多いため、「我がまま」の思考が当たり前になるわけです。

社長がすでに判断してしまったことや、その結果出てきた意見で、たとえあなたがわがままと思っても、それを深く思い悩むことはあまり意味をなしません。

そもそもわがままとは、相手がどう思うかで起こる思考のギャップのようなものです。そのため、その判断やわがままにどう付き合うかを考えたほうが、よほど生産的ではないでしょうか。

社長がどれほど驚くような無茶な判断やわがままを言ったとしても、いちいち驚いた顔をしてはいけません。社長はあなたのそんな反応を待っているわけではないのです。**社長が待っているのは、自分の命じたことをあなたがやるか、やらないか、です。**

## ↓社長のわがままの受け止め方

それでは、あなたと考え方が異なる社長の考え方に対して、どのように対応すれば良いのでしょうか。

まず、**社長の言ったことは、それがどんな内容であっても、「まずは受ける」**ということです。

間違えてはいけないのは、ここでいう「受ける」とは、必ずしも「イエス」ではないということです。「イエス」でも「ノー」でもなく、**まず「受ける」ことが大事**なのです。

一流ホテルのコンシェルジュが、接客の基本としてこのような教育を受けているので、そこから学ぶのも有効です。

彼ら、彼女らは、お客様からホテルとしてできないことを要求された場合、決して「ノー」から返事をしません。

例を挙げて説明しましょう。たとえばお客様が、突然ロビーでコンシェルジュをつかまえて、「君、ちょっと煙草を買ってきてくれないか」と頼んだとします。コンシェルジュは当然、その場を離れて煙草を買いに行くわけにはいきません。ここですぐ、「申し訳ありません。それはできかねます」と言ってしまったら、それは受け応えとしては二流です。

まずは、「お客様、お煙草をお探しなんですね」と、お客様の言っていることを受ける。つまり、「あなたのおっしゃっていることは確かに聞きましたよ」という返事をします。そしてそのうえで、「お客様、お煙草でしたら、この下の階のどこそこに自動販売機がございますが、ご案内しましょうか」と説明をします。そしてお客様との間では、「すみません」とか「できません」という否定の言葉をできる限り使わないようにします。

「タバコを買ってきてくれ」と言ったお客様は、この時点で、自分のことをわがままとは思わず、当然の指示だと思っているか、あるいは、わがままを言える立場と思っているかのどちらかです。このような考え方を持っている人に、いきなり「できません」と否定すると、お客様からするとタバコを買ってきてくれないという不満と同時に、自分の指示を聞くべき立場でありながら、その役割を果たしていないということにも不満を抱きます。

ホテルにおけるお客様とコンシェルジュの関係は、人間としては対等であり、ビジネスとしては、最高の満足を提供する側と提供される側の関係です。そのため、コンシェルジュは、たとえ理不尽な要求であっても、どのように受け応えをすれば少しでもお客様が納得し、満足し、感動するレベルにまで達するのか、プロフェッショナルとしての対応を常に考えて行動しています。

## ↓やらない、しない、わかっていないと思わせない受け応えとは

社長も同じです。「社長、待ってください」「社長、それはちょっと……」と言われた途端に、「何を言っているんだ！」「できないではなく、できる理由を考えろ！」「それならやらなくてもいい！」などと、否定や拒否したことに対する評価に社長のエネルギーが向けられ、冷静な議論ができなくなります。

まずは、社長の言っていること受けることから始めます。

たとえば社長が「私は○○をこういうやり方に変えたいんだ。すぐやってくれ」と言われたら、「はい、○○をこのように変えるんですね」とまず受けます。そのうえで、「こう変えた場合、おそらくこのような不都合が起こるかと思いますが、そのときの△△や××についてこのように行いたいと考えますがいかがでしょうか」と、自分の意見を聞いてもらいやすい言い方で受け応えをします。このような**ワンクッションを挟むことで、社長に聞く耳を持たせることができる**のです。

ぜひともこれからはあなたも、社長に向き合う際は一流ホテルのコンシェルジュになったつもりで、いったんは社長の言うことを全面的に受け取る姿勢で臨んでください。

# 3 禁句を言い換える習慣を身に付ける

**↓ついつい社長の眉間にシワがよる言葉を使っていませんか？**

あなたが社長に日々接する中で、ついこの言葉が心の中で、出そうになったことがありませんか。

1. 「無理です！」
2. 「できません！」
3. 「そうは言っても……」

## 4.「意味がわかりません！」
## 5.「後にしていいですか？」

もし、社長の前でこの言葉が出そうになったら、飲み込んでしまうことを強くおすすめします。

社長の言っていることが自分とは違う、このままではまずいぞ、と思った瞬間、その反応として出やすい言葉なので、注意が必要です。

しかし、このような言葉を絶対使ってはいけない、このように考えてはいけない、社長に服従せよという意味ではありません。

このような言葉は、言い方と、言うタイミングに注意が必要なのです。

なぜならこの言葉は、社長に、社長業という仕事の本質にブレーキをかける言葉だと反射的に感じさせるからです。

社長というのは、会社経営に関する全ての事柄について権限を持った存在です。そして、指示命令も含めて、自分から組織を前に進ませる言葉を発信することが日常的な仕事です。

その発信を部下にした際、部下から、「無理です！」「できません！」「そうは言っても……」「意味がわかりません！」「後にしていいですか？」という言葉が返ってきた途端に、社長は自分の前に壁が立ちはだかる感覚にさせられるのです。

いったん壁を認識すると、そこから先は聞く耳を持たなくなることもあるかもしれません。あるいは、何が何でも絶対権限を発動させるしかなくなります。こんなことになっては、フォロワーの皆さんは、自分の本意も伝わらず、仕事もやりにくくなります。

社長が前に進もうとしているときにブレーキをかけてしまっては、元も子もありません。

社長の仕事は、常に組織を前へ進ませる仕事です。ときには止まったり、振り返ったりすることは大切ですが、必ず前へ進みます。そのため、**ブレーキをかけるイメージの言葉を嫌います。**

## ↓無理難題に出遭ったら、禁句を言う前に別の言葉に言い変える

こんな例があります。

かつての同僚で、私と同じ日本マクドナルドの創業者の藤田田社長の側で永年仕事をしていたCさんが、その後、ある企業の社長のもとで役員として働くことになりました。そのCさんに早速、人材育成を手伝ってくれと言われ、訪問したときのことです。

この会社では、創業者であるその社長が「黒」と言えば、白いものでも「黒」となってしまうほど、社長に絶対権限がありました。良くも悪くも、従業員は常に社長の言うことに従って動いているという印象でした。

このような会社で働き始めた元同僚のCさんと社長とのやり取りを聞いて、面白いことに気づいたのです。

この会社は、創業以来、増収増益で、特に近年は新たなビジネスモデルが成功し、業界からも注目されている、いわゆる〝勝ち組企業〟です。社長は成功

体験の塊のような人で、そのカリスマ的存在感から、側にいるフォロワーは皆、従順な態度ですが、社長の一方的な発言が多いように思えました。

ところが、その社長と私の元同僚のCさんとのやり取りが、妙に小気味良いのです。

社長が「これを来月まで完成させるぞ！」と言えば、Cさんは「いいですね！　それでは、いきなりやるより、まずはここから始めませんか！」と言い、それを受けた社長は、「それはそうだな、まずここからやろう！」と言う。また社長が「そんなやり方じゃダメだ。やり直してくれ」と言うと、Cさんは「やり直しですね。わかりました。そうすると完成期間も一ヶ月ずらすことにしましょう。そのほうが確かです」と言う。

このようなやり取りが、頻繁にありました。

## ↓熟考を重ね意見を伝えたうえで、社長に尋ねる

後日、なぜ、社長の無理難題を素直にやり取りできるようになったのか、Cさんに聞いてみました。

彼は、「それは、藤田さんのところで散々鍛えられたからだよ。今の社長でも同じだったんだ！　ただ、理不尽なことや無理難題だと思ったら、禁句を別の言葉に変えるように意識はしているな！」と教えてくれました。

社長の言葉はコンシェルジュになったつもりで全てをいったん受け入れるということをお話ししましたが、彼の言っていることはそれにも通じることです。

まずは全てを「そうですか」「それはこういうことですね」と受け入れます。「イエス」か「ノー」かは、その後なのです。

たとえば、「無理です！」「できません！」「そうは言っても……」と言いたくなったら、「わかりました。それを行う場合、このようになります」などと、

無理に行なうとどのようなデメリットがあるのかと、情報を整理して伝えます。

「意味がわかりません！」と言いたくなったら、「私はこのように理解しましたが、よろしいですか」や「私の場合、このように思います。私の考えは社長からすると、どこが足らないのでしょうか」と言う。

つまり、いきなり意味がわからないと言うのではなく、**考えに考えを重ねて自分の考えや意見を言ったうえで、社長に訊ねる**のです。

最後に、**「後でいいですか?」は絶対的禁句**です。

自分の指示を後回しにされれば怒り心頭になる確率が高くなるからです。たとえば「早速、社長のご指示のようにします。そのため、今行なっていることを後にしますので、多少このような問題がありますがご了承ください」などと言います。この他にも、色々な言い換え方が考えられます。

ここでは、一般的と思われる社長への禁句を例に、言い換える方法を説明しました。実際には、社長は様々なタイプがいますので、これで全て上手くいくとは限りません。

社長にはそれぞれ禁句があります。あなたの社長に余計なストレスを与える禁句は、どんな言葉でしょうか。社長と一緒に働く人たちとの日々の会話の中に、あなたの社長ならではの禁句がきっとあると思います。注意して観察してみてください。そして、その禁句が見つかったら、それを言い換えてあなたの言いたいことや、意図が伝わる別の言い方を考えてみてください。そして、その禁句を言い換える習慣を身に付けてもらいたいと思います。

## 図7　社長が嫌いな5つの禁句

| 禁句 | 社長が嫌がる理由 |
| --- | --- |
| 「無理です！」 | 無理と言った瞬間から負けを認めることを嫌うため |
| 「できません！」 | できないではなく、どうすればできるかの思考を好むため |
| 「そうは言っても……」 | 単純に自分の考えを否定しているだけで言い訳と感じるため |
| 「意味がわかりません！」 | 問題や課題の重要度を理解していないことを嫌うため |
| 「後にしていいですか？」 | 優先順位を変えられては、結果が遅くなることを嫌うため |

# 4 非主体的な三大思考を封印する

**↓「社長でないとできない」という思考を持っていませんか？**

いつも社長の側にいる人たちがつい考えがちなのが、次の3つの思考ではないかと思います。

1. 「どうせ社長が決める」
2. 「社長が変わらなければ何も変わらない」
3. 「今日の社長の機嫌はどうか」

これらを私は、「**考えてもムダな非主体的な三大思考**」と呼んでいます。なぜならこの3つの思考は、考えたところで何も変えることができないからです。むしろ、あなた自身のストレスが増していくだけです。

特に2の「社長が変わらなければ……」という発想は捨ててください。皆さんが主体的に挑戦するのであればともかく、「社長を変えなければ……」と、社長が部下から言われてそう簡単に変わるわけがありません。

会社を変革していきたければ、社長ではなく、社長に向き合うあなた自身が変わるべきであること、全てはあなた次第であることは、すでに述べたとおりです。

このようなことを考えてしまうのは、社長の側で働くフォロワーは、常に社長に近い視座で会社のことを考えているからです。従って、常に難題や大きな課題について社長と一緒に考える役割で、簡単には解決しないことや、ジレンマでつい、社長が何とかするしかないと考えてしまうのは仕方がないと思います。そこで、**いつまでも社長の様子をうかがうのではなく、自分のほうにベクトルを向けること**です。

## ↓全社プロジェクトで辛い日々を送る私を一喝した言葉

私にもこんな経験がありました。まだ30代の頃、副社長の側で全社的なプロジェクトを全て統括する仕事を行なっていたときのことです。この仕事は２人の統括だけで、同時に20～30種類の大型プロジェクトを回していました。大変大きな権限もあり、時には、社長に数億円単位の決裁を仰ぐ役割であり、やり甲斐もありましたが、反面、自分の失敗が会社やお客様に大きな損失を与えることも理解していました。そのため、責任の重圧に心が折れそうになっていたことも事実です。休日はほとんどなく、長時間勤務でもあり、心身共にストレスの大きかった記憶があります。おまけに、苦労して準備しても社長に一喝されて決裁されなかった提案もあり、辛い毎日でした。

そんなとき、私と一緒に日夜一緒に頑張っていた同僚のK氏に、私はよく愚痴をこぼしていました。私が「どうせ社長が決めるからどうしようもない」「社長の機嫌が悪かったからだめだった」など言っていましたので、K氏は、次第に私の愚痴に嫌気がさしてきたのです。

あるときついに、K氏は私にこう言いました。

「下山さん！　そんなに社長のことを言っても、社長を変えられないでしょう。社長が決めることが嫌なら、あなたが社長になればいいでしょう！」

この言葉を聞いて、私ははじめて、今まで自分がいかに意味のないことを言ってきたか、そして、こんなことを言っていても何も変わらないということに気づきました。人を変えることは簡単にはできないことは100も承知だし、まして、社長を変えることなどできるわけがないのは、心のどこかでわかっていました。

それであれば、自分が変わる方がはるかに現実的であり、自分の努力次第だと思い直したのです。ただし、「自分が社長になればいい」という発想はあまりにも自分の頭の中になかった選択肢であり、衝撃的でした。

実際、当時の私が社長になることなど100%考えられないことだったので、社長になろうとは全く思いませんでした。しかし、このことがあった翌日から明らかに、私の思考は変化しました。「全てにおいて自分の会社だったら何がベストか」という思考が軸になったのです。

## ↓自分の会社だったら何がベストかという思考が軸に

それ以降は「社長の機嫌はどうなのか」、「社長が変わればいい」、「どうせ社長が決める」など、非主体的な思考はほとんどなくなりました。

それから何十年後かに、私は本当に社長になりました。

今、改めて考えてみると、この一言が私に主体的になることの意味を教えてくれたのだと思います。今でもK氏には深く感謝しています。

あの日以来、私は社長を支える役割として、自分の主体性をなくしてしまう三大思考に封印をしたのです。

# 5 社長版の報連相を実践する

**↓社長の期待する報連相を理解し、実行していますか？**

社長へのホウレンソウ＝報告・連絡・相談の3原則とは、次の3つです。

1. 社長とは、会社で起こっている全てを知りたいものだと心得る
2. 社長が10人いれば、求めるホウレンソウも10通り存在する
3. 「何を」「どのタイミングで」「どのように」伝えるべきかを把握する

社長というのは、経営に関わることは全て自分で把握し、全て自分で決めなければ気が済まないものです。たとえ社長が、「これは社員の皆に任せる」と言ったとしても、それは何もかも勝手にやれというわけではありません。社長は多くの場合、1対大勢のメッセージを発信します。大勢いる部下たちの中には、能力の高い人も低い人もいますし、仕事に熟練した人もいれば、経験が浅く、未熟な人もいます。全員に同じように仕事を任せたら、会社が成り立つはずがありません。

だから社長への報告・連絡・相談が重要なのです。もちろん、どの社長に対しても同じように報告・連絡・相談をすれば良いわけではありません。

## ↓社長によって違うホウレンソウのルール

同じことを社長に言っても、A社長は「よく言ってくれた。ありがとう」と言うでしょうし、B社長は「そんなことはいちいち私に言わず、自分で考えろ」と言うでしょう。さらにC社長は「なぜそんなことを今頃言うんだ。もっと早く言え」と言うかもしれません。

また、ある社長は何もかも起こったタイミングでまめに知らせてほしいと考えていますし、別の社長はポイントごとに結果だけ教えてほしいと望んでいます。さらには、事が起こる前に何でも相談してほしいという社長もいます。

一般的に、報連相は新入社員の基本的な研修で習うことだと思います。上司には業務の進捗を適時報告し、連絡は関係者で情報共有すること、相談は自分で判断できないときに相談することです。しかし、これは主に一般的には有効ですが、社長のフォロワーという立場では、これほど簡単なことではありません。

私は独立した当初、3社の人事教育の顧問となり、3人の社長の側で働きました。3社共に人事部の戦略支援と教育体系の開発がメインの使命でした。そこでそれぞれの社長に、私はどのようにサポートすればいいのか尋ねました。すると3社の社長は共通して「それは下山さんに任せる」という返答でした。

その後、何ヶ月か経って、私はA社長へ進捗の報告を行ないたいと言いましたが、社長は「それは下山さんに任せたのだから結果だけ報告してくれればいい」と言いました。同じ頃、B社長からは「定期的にどうなっているのか知らせてくれなければわからない」と言われてしまいました。さらにC社長は「何でもっと早く相談してくれないのか」と注意されました。同じような仕事の進め方をしていたにもかかわらず、対応の評価が全く違ったのです。

社長の側で働く人は、自分の判断で主体的に仕事を行なっている方も多いと思います。仕事の責任や範囲が広いほど、自分の判断で業務遂行することが多いと思いますので、より上司にあたる社長への報連相は重要です。

要は、**社長によって、何をどのタイミングで、どのように言ってほしいのかは全て異なる**ということです。ですからあなたの報告・連絡・相談も、社長に合わせた一定のルール、一定のコツを押さえたものでなければいけません。

どの社長に対しても一律に、同じようなホウレンソウをしておけば良いというのは大きな間違いです。**ホウレンソウには、社長とあなたの1対1の関係が反映されているものでなければ意味がない**ということです。

# 6
# 「通訳者」になる

**↓社長の指示をそのまま伝えているだけではありませんか?**


「通訳者」とは、社長と社員たちの間に入る人のことを指します。

社長の言葉を、代わりに伝えることはもちろん、社長と従業員の間に入り、社長の言葉を通訳する役割を果たします。

前にもお話ししましたが、社長というのは従業員とは違うスピードで流れる時間の中で、常に判断を迫られるという状況を生きています。ですから、社長の言葉というのは、時として、意味が理解できないことがあります。

社長のフォロワーは、社長の側で働き、社長のメッセージを直接聞くことができます。そのため、社長の言葉を自分なりに理解し、従業員にわかるように「通訳者」として伝える責任があります。

特に社長のビジョンやミッションについて、その背景まで十分理解し、従業員にも理解させせなければなりません。また、そのビジョンやミッションを従業員に対してそのまま発信して良いのかといった判断や、発信するとしたらどこをどのように変えて発信するのかといった調整も欠かせません。そのため、もし社長から直接伝えられたメッセージを理解できなければ、フォロワーは社長に直接、自分が理解できるまで質問しなければ、従業員に伝えられません。

中間管理職が部下に言ってはいけない言葉というものがあります。

その一つが、「私は違うと思うが、決まったことなので仕方がないからやってくれ」という言葉です。これを聞いた部下は、自分も納得していないことを、部下にはやらせるのかと考え、あなた自身の信頼がなくなります。仮にそれが納得できなかったとしても、社長のフォロワーがこのような言い方をすれば、失格です。だからこそ、**自分が納得できるように社長に直接確認します。自身**

**が納得して、従業員に自分の言葉として通訳して伝える義務があるのです。**

## ↓社員に届く言葉を社長に提案しよう

また、**従業員が考えていることを社長に対して「翻訳」する役割も持っています。**つまり、社長に対して「社長が考えていることを、現在従業員はこのように考えています」「社長がこのようにお話しされると、従業員はより理解できると思います」とサジェスチョンすることが不可欠なのです。実際は「伝道者」になることを求められる場面もあれば、「通訳者」であるべき場面もあります。自分に求められている役割を正確に見極めて、その場に応じた役割を果たすということもまた、社長を支えるうえで大切なことなのです。

# 7 常にクイックレスポンスを心掛ける

## ↓社長が求めているスピードに対応できていますか？

社長が「これをやってくれ」という命令を下した場合、社長は本当に「すぐ」でなければ納得できないものです。なぜなら、社長の24時間は、ほかの社員たちにとっての24時間とは全く異なり、ものすごいスピードで進んでいるからです。

それに社長は、いつでも同時並行でいくつもの判断をし、複数の仕事をこなしていかなければなりません。ですから、「すぐ」と言えば、本当に今すぐでなければならないのです。それは、すぐ処理しなかったり、その仕事について考えていると、その間に、ほかの重要な仕事が入ってきていくつも処理しなくてはならないことがどんどん積み上がってしまい、処理できないほど溜まってしまうか、あるいは忘れてしまう可能性があるかもしれないからです。

つまり「待てない」のではなく、「忘れてしまうのが怖い」という思いが潜在的にあるからなのです。

もし社長が、「例の件、どうなってる?」とあなたに聞いて、「社長、まだ始めたばかりでもう少し時間がかかります」と答えたとすると、社長はおそらく「何で遅いのだろう」など考えるはずです。いや、「こんなに遅いわけがない」と考えるかもしれません。あなたが「そうは言っても無理なことは無理」、「何でわかってもらえないのか、わけがわからない」などと思っても、社長にとっては今すぐやってほしいことなのですから、昨日であっても1週間前であっても関係ないのです。あなたがいくら社長の意図を頭で考えても、社長の時間の進み方と処理している情報は違うので、自分と比較しても何の意味もありません。

## ↓完了する時期を約束すると信用される

社長に命じられたこと、依頼されたことに対しては、どんなときにもクイックレスポンスを心掛けてください。「すぐやれ」と言われたことはもちろん、できる限り、すぐやるしかありません。

間違っても、自分勝手に「すぐというのは、これくらいの時間だろう」と判断しないようにしてください。社長の頭の中にある時計は、あなたの時計とは全く違っていると考えたほうが良いでしょう。

それでは、少しでも対応を早くするにはどうすれば良いのでしょうか。

それは、クイックレスポンス、つまり即対応が最も良いのですが、対応策の一つに心理的対応があります。それは社長を「まだなのか」という心理にさせないことです。指示したことができているのか、できていないのかが知りたい、あるいはわからないから社長は急がせるのです。つまり、**社長から急がされる前に、進捗情報を伝える**のです。

# 8

# 「どう考えているのか」「何をするのか」を組み合わせる

## ↓「何のためにするのか！」「何をしたいんだ！」と言われませんか？

前職で、私が副社長の元で全社レベルのプロジェクトをいくつも行なっているときに、こんなことで社長から怒られたことがあります。

当時3500拠点あった店舗の現金売上は、毎朝マネージャーが銀行やオーナーの所へ持参して納金していました。当然、社員が毎朝納金する手間もさることながら、店舗を不在にする時間もあるため、納金時間を交代する社員を入れなくてはならなかったり、防犯上のリスクもありました。

そこで、全店舗を現金回収システムに切り替える提案を私が行うことになりました。しかし、そのためには、1店舗毎月3万5000円かかります。年間、実に17億円という膨大なコストが発生します。

私は半年ほどかけて、少しでもコストが低い業者選定はもちろん、値下げ交渉を行ないました。そして社内の各部署を周って説得を続け、関係各部署の承認をとりつけ、いよいよ社長提案を残すところまできました。

そして社長の前で次のように提案しました。現金回収システムはどのような仕組みなのか、どのようなオペレーションなのかを説明し、最後に断られるかもしれない17億円というランニングコストは、交渉に交渉をして値下げできたことを熱く語ったのです。まさに社長を説得する覚悟でした。

すると社長がこう言いました。「何のためにこのシステムに変えるんだ?」「何の意味があるのか?」と。そしてこの提案は、いったん保留になりました。

社長が言いたかったことは、私がコストのことばかり説明し、肝心の「何のために行ない、どのように考えたのか」の説明が全くなかったということでした。

## ↓社長を説得しようとしても意味がない

当時、マクドナルドで販売していたサンデーが全く売れず、製造する機械のメンテナンスや維持に無駄なコストが掛かっていたことがありました。そのため私は、何とか販売を中止して、全店舗からマシンを引き上げる提案を考えました。しかし、サンデーの販売中止は、考えること自体タブーとされていたのでした。

なぜならサンデーを作るマシンは、マクドナルドの中でも、特に重要な機械だったのです。米国の創業者が起業するまで働いていた会社の作った機械で、創業者が亡くなってからもずっと、世界のマクドナルドで使われていました。

そのため当時の社内では、サンデーの販売を中止するなどとても考えられないと言われていました。それでも私は、全店舗で無駄が発生している背景を事細かく調査しました。そして、なぜこの時期に中止を提案するのかという理由や背景を徹底的に調査し、社長への提案に望みました。

しかし、またしても、社長から再検討を指示されてしまいました。

そのとき社長はこう質問してきました。「なぜ中止するかはわかったが、どうやって中止するのか」「中止する際の告知は本当にこれでいいのか」と。矢継ぎ早に問われた私は、答えることができませんでした。

つまり社長はサンデーの販売を中止して「何をするのか」を聞きたかったのです。

まさに、先ほど「どう考えているのか」が伝わらなかったのと全く反対のことを社長から言われたというわけです。

では私はなぜ、社長が知りたかったことを伝えられなかったのでしょうか。それは、自らの提案を通したいあまり、社長を説得することそのものが目的になっていたからです。

提案するにはそもそも、提案の目的や背景、具体的な内容など、提案内容が重要であり、社長だからどうしようという思考そのものが間違っていたのです。

社長のほうは「どう考えているのか」がわかれば、「何をするのか」が気になります。反対に「何をするのか」がわかれば、「どう考えているのか」が気になります。

よく考えてみれば当たり前のことですが、社長に提言や提案などコミュニケーションを取る機会が多いフォロワーは、**常に「なぜ行うのか」「何をするのか」を組み合わせて物事を考えるクセを付けると良い**でしょう。

# 9 社長の頭の中のテーマにアンテナを立てる

## ↓社長がキャッチする話題を、広げることができますか？

本来、経営判断をするためには、会社の中のことだけでなく、会社を取り巻く全てのこと、世の中の新しい動きや他社の事例といった様々なことを知っておく必要があります。

しかし、社長だけがこのような幅広い情報を把握するだけでなく、フォロワーも同じように幅広く世の中を見る能力があれば、相乗効果が生まれます。

また、相乗効果を生み出すためには、社長の頭の中にあるテーマを知る必要があります。

そこで、**社長は普段どのようなことを考えて、どんな情報を必要としているのかを把握し、社長に代わってそれらを社長に届けるというのも、社長を支えるには重要な役目です。**

## ↓社長の耳に入りづらいテーマの情報も伝達する

あるエンターテイメント企業の次世代リーダー育成を行なっていたときのことです。このプログラムは、変化する事業環境の中で、向こう3年以内に取り組むべき課題について、参加者が自社の社長や経営陣に提案するプログラムでした。参加者は30代を中心に、時代に敏感な感性を持つメンバーで、最新のモバイル端末をいち早く試すような人たちでした。

彼らが自社の社長に提案したのは、全国の拠点をモバイル端末やスマホでつなぎ、SNSを使った情報の共有、スケジュール管理、学習を行う仕組みを導入する案でした。

このような提案は、近年多くの企業で既に実施され始めています。しかし、彼らは、このようなＩＴ投資案を考えていながら、社長は提案しても受け入れてくれない可能性が高いと悩んでいました。なぜなら、彼らの社長はスマホを持たず、ガラケー端末を使っていたからです。ＳＮＳには全く興味を持たず、そもそもＩＴを使ったコミュニケーションに、根本的に反対していることをよく聞いていたのです。

ところが、この提案は心配するほどでもなく最終的に決裁され、既に活用が始まっています。この提案が受け入れられたのには、次のような背景がありました。

その社長には、幼稚園から中学生までの３人のお子さんがいました。この提案をした頃は、まだ多くの子どもが携帯電話を持っていない時代でした。それが、一気に普及を始め、同時にＳＮＳによるいじめや違法サイトの問題が蔓延している頃だったのです。子育てにおいて、社長も１人の親として、情報技術の進化による負の功罪としてＩＴの活用に課題意識を持っていたのです。

従って、スマホやSNSの普及が始まったときも否定的に考えていて、このような情報は自ら拒絶していました。

ところが、社長のフォロワーに社長と同じくらいのお子さんがいて、あるとき社長と親同士の課題として色々と情報交換を始めたところ、意見が一致したそうです。つまりスマホは、使い方によっては防犯になったり、勉強にも活用できることがわかったのです。以来、社長も一気に興味が湧いてきました。

それからというもの、このフォロワーのすすめもあって社長もスマホを購入し、今では最も積極的に情報端末の活用に力を入れるようになりました。

**フォロワーは、仕事だけでなく、社長の耳に入りづらいテーマの情報も、社長個人の頭の中にあるテーマと結びつけて提供することが必要**です。

社内事業に直接関係ある業界の動きや市場のこと、競合のことについてはもちろんですが、事業からは距離のある、世の中のこと全般をカバーしておかなければなりません。それこそ様々な世の中の動きをキャッチして、社長に情報を提供する、そんなフォロワーの役割もあるのです。

## ↓一見関係のないようなテーマでも重要な情報がある

２０１６年4月、人気アイドルグループ「ＡＫＢ48」の高橋みなみさんが、秋葉原で開催された特別記念公演を最後に、グループを〝卒業〟しました。「ＡＫＢ48」といえば、姉妹グループまで入れるとメンバー総勢数百名で、「世界一人数の多いポップグループ」としてギネス認定されたほどのグループです。

この事実そのものは、ビジネスとは全く関係のない話です。ここから、社長が興味を持つテーマにできるかできないかの違いが出ます。実は、このＡＫＢの話題が、経団連のある会合で話題になったテーマだったのです。

ＡＫＢは、単なる人気アイドルグループということだけではなく、数千億円を稼ぎ出す巨大ビジネスでもあります。その大所帯を率いるリーダーの高橋みなみさんは、組織を束ねるリーダーシップがあり、それは並み大抵のものではありません。彼女がこの組織の最高運営執行責任者のＣＯＯの役割であれば、この組織を創り出した最高経営責任者のＣＥＯは、秋元康氏なのかもしれません。メンバーが入れ替わっても、業界トップを走り続けるノウハウや20代の彼女を育て上げた仕組みは、ビジネス最前線のトップリーダーたちにも貴重な示唆を与えるテーマなのです。

実は、この話題を経団連の会合で聞いた後、この話を自社の経営会議で熱く語った社長がいました。偶然、仕事でこの会議の場にいた私は、社長がその話をした瞬間、役員たちの目が点になった様子を今でも覚えています。そのとき、ある役員がすかさず彼女のリーダーシップの凄さを説明し、社長が大きく同意していたことも覚えています。

この後会議は、若い社員に早いうちにリーダーシップ教育をしようという話題に移りました。まさに社長の頭の中にあるテーマにアンテナを立て、その話題を広げることによって相乗効果が出た事例ではないでしょうか。

こういう話は、どこか「風が吹けば桶屋が儲かる」といった感がありますが、経済効果というのはそういうものです。**どんな情報でもビジネスに結び付けて、**

**有用な情報へと整理し、社長に提供する。**そのことが、社長を支えるには不可欠なのです。

# 10 逆反射行動の習慣をつける

**↓社長の表情を一瞬にして険しくした経験がありますか？**

社長と普段接していると、社長の表情が一瞬にして変化する場面に遭遇するかもしれません。その原因は、あなたの反射行動にある場合もあります。

ここで言う反射行動とは、外部からの刺激に対して反応する身体的な反応を指します。

身体的反応をくり返し行うと、刺激を受けただけで、自動的に体が反応するようになります。これを〝条件反射〟と言います。

犬にベルを鳴らしてから餌をあげることを習慣づけると、犬はベルを鳴らすだけで唾液が出るようになるという実験を聞いたことがあると思います。「パブロフの犬の実験」と言えば、耳にしたことがある人も多いでしょう。

このように、人間も自然と、刺激に対して体が反応します。この反応が、社長とフォロワーの関係の中でも、自然と発生しているのです。

## ↓二代目社長に対するベテラン社員の反射行動

あるとき私は、大物社長と言われる人物に頼まれ、30代で上場大手の運輸系会社を引き継いだ二世社長を支援して欲しいという依頼を受けました。

この二世社長は、着任後、父親が亡くなって事業継続が危ぶまれた会社の大改革を行い、奇跡的な復活をさせたことでマスコミでも大きく取り上げられた社長でした。

それほどの社長なので、私は社内でもカリスマ的な存在で恐れられているものだと思っていました。早速、この会社の人財戦略を支援することになったのですが、実際に社長にお会いすると、とても気さくで話しやすく、誰に対しても腰が低い態度や物腰で一般の社員にも接する方だったので驚きました。

一方、社長の周辺にいる方々の中には、先代から仕えている役員やベテラン社員も何人かいて、この方々は社長より年齢もかなり上で、業界経験も長い方々でした。

このベテランの中には、社長が会議で新しいことを発言すると、いきなり下を見て話を聞かないしぐさをする人や、社長があまり経験していない話題になると、自信を持って強気の発言をする人もいます。明らかにベテランたちの態度や発言はパターン化されていました。

社長からはよく、このベテラン社員たちを何とか教育してほしいと言われていました。彼らは前社長である、父親との関係が染みついていて、自分のやり方に反対するときは、明らかに下を向いたり、目をそらして話を聞こうとしないというのです。

一方、ベテランたちにも話を聞くと、「そんなことはしていない」「今は、新社長のやり方でここまで復活した会社を、自分たちの経験を活かして若社長を支援している」という考えでした。私は、このベテランのフォロワーたちの話は本気だと思いました。

しかし、会議や打ち合わせを見ていると、社長の話にあった通り、ベテランたちの反応は、社長のエネルギーを削いでしまうようなものです。社長から相談されていることは、事実にも見えました。

このことを率直にベテランのフォロワーにお話しすると、本人たちは全く自覚がありませんでした。これは、永年の社長との関係において、自然と体に染み付いた反射行動だったのです。

一般的に部下は、上司に対して次のような感情が起こることがよくあります。「早くこの場を逃れたい」「反論できない」「自分の方が正しい」「こんなことが解らないのか？」「納得できない」といった感情は、当然誰でも起こります。しかし、このときの反射行動として、次のような態度はおすすめできません。

・目をそらす
・黙る
・うなずかない
・薄笑いする
・不満を顔に出す

このような態度は、時として社長のエネルギーを削ぎ、逆にあなたを攻撃するスイッチを入れてしまいます。社長のフォロワーとしては、仕事がやりにくくなることに間違いありません。

## ↓自分の反射行動を理解し、逆の行動を考える

その後、二世社長のベテランフォロワーは、どのようになったのでしょうか。

彼らは彼らなりに、自分の反射行動のクセが何なのかを意識するようになりました。彼らは無意識に行なっていた行動を意識するようになったのです。

この無意識を意識化する方法は、とても効果的でした。意識することで、自分なりにできる反射行動を考えられるようになったのです。そして、〝逆反射行動〟という行動を選択できるようになりました。

もちろん、あなたの表情や態度など、全く気にしない社長もいます。しかし、100種類の反射行動があるとすれば、そのうちいくつかは社長によってすべきではない態度行動があるものです。社長にとって、**自分が取った行動でマイナスとなる反射行動は何かを考え、その行動が起きてしまう社長の態度、言動があったとき、意識して逆の反射行動を取れるような習慣を身に付けましょう。**

最後に、あなたの反射行動の中には、社長のモチベーションを上げるような素敵な反射行動がたくさんあることも忘れずに！

# 第4章

# 一流のフォロワーが行なっている「10の技」

この章では、社長自身が信頼しているフォロワーたちに共通している社長の支え方を「10の技」としてまとめました。私自身も個性豊かな社長の側で働き、その後も様々な社長や一流のフォロワーたちと仕事をしてきた経験から、社長が最大限の力を発揮できるように社長を支えています。ここで紹介する方法は、一流とのフォロワーならではの技ばかりです。

# 1 素直なだけのフォロワーではない

## ↓社長の言っている顕在ニーズだけに反応しない！

第1〜2章では、社長業という会社の中では唯一の専門的な仕事である社長の素顔と特徴について解き明かしてきました。それを理解したうえで、社長のフォロワーならば、社長から指示されたり言われたことを、理不尽と思ったり、無理難題だとしても素直に受け入れなければならないと考えていると思います。

それでは、フォロワーであれば、ただ従順に社長の言うことに従ってさえいればいいのかというと、そんな単純な話ではありません。一流のフォロワーは、さらに技を使います。

私がコンサルティングを担当してきたD社で、こんな例がありました。役員や人事部長が何人も入れ替わることが続いたのです。社長の個性が強烈で、役員や人事部長など、社長を支える立場に立つ人たちが、社長の考え方ややり方を理解できなかったのでしょう。

私はこの会社の人事・教育のコンサルタントとして毎月定期会議を行なっており、社長と会う機会がよくありました。そのため、役員が社長に何か難しい提案を行う際にはよく、「この件を社長に提案したいのですが、下山さんから事前に社長にうまく説明してもらえませんか？」と依頼されることがありました。

私に頼むということは、社長に直接意見が言えないということでしょうか。社長に反対されるかもしれず、自信が持てないためでしょうか。あるいは、社長に気に入られたいという必死の思いでしょうか。

いずれにしても、社長を支える立場にいるこの人たちは、社長に直接自分の考えを主張するということをリスクだと考えて、避けてしまっていたのです。

彼らは社長に嫌われたくない一心でした。そのため自然と社長の言うことに対して、たとえ意見があっても何も言わず、ただ素直に忠実に従うという行動を取る習慣になってしまったのだと思います。

「社長の発言に従う」というのは、社長の言っていることに、ただ素直に何でも従えという意味ではありません。

**一流のフォロワーは、社長の言葉の裏に真意を読み取ろうとします。社長の真意は実は、言葉にしていない、言葉では十分表現し切れていない、「潜在ニーズ」にこそある場合が多い**のです。

## ↓言葉には出ない社長の真意を探る！

先ほどのD社でこんなこともありました。

この会社は、全国規模で展開する食品販売チェーンで、近年は東南アジアへも展開するグローバル企業として増収増益を続けており、業界でも注目されている中堅企業です。しかし、現在の社長になるまでは、二桁増収にもかかわらず、連続赤字となり、一時期は危機的な状況にまで陥ったときもありました。

この赤字企業を引き継いだ現社長は、着任後、早速大改革に着手しました。そしてあらゆるプロジェクトにおいて自ら先導指揮を執り、たった数年で現在の業績にV字回復を果たしたのです。

そのため社長の頭の中には、自身の練ってきた戦略が現在の結果であり、社員は自分の言うことを必死で行なってきたという経緯がありました。

しかし、組織変革や業務改善がすさまじい勢いで進む中、あまりの変革とスピードについて行けない社員が続出したことも事実でした。いつしか辞めていく人は社長の反対派で、残る人は意見を言えない人、というような、短絡的で勝手な噂が流れるようになりました。


ではなぜこのようになってしまったのでしょうか。そのヒントは、この会社でよく見られる社長とフォロワーとのやり取りにあります。

この社長は何か指示を出すとき、必ず「いつ報告してくれる?」と指示した担当者に確認し、その期限をメモします。そして、約束の期限になると、直接本人に確認します。

そのときよく、内容の詰めが甘かったり、完成度が低かったりして、期待されたアウトプットのレベルに達していないことがありました。そうなると社長は、「どうしてこんなことがすぐにできないんだ？　明日までに完成させなさい」となるわけです。

すると担当者は「わかりました」と答えます。担当者は、少々完成度が低かろうと、とにかく明日という期限までに体裁を整えることが最重要課題だと認識し、どうにかこうにか翌日までに作りあげます。そして、翌日社長に提出しますが、その内容ではやはり、社長の期待はずれになるのです。

実はこのようなやり取りが他の会社でも日常的にくり返されているのです。

しかし、社長のそばには一流のフォロワーもいます。同じやり取りでも、最初の指示の受け方から対応が違うのです。ただ指示を「わかりました」と素直に聞くのではなく、**まず自分がその指示の背景や指示される理由がわからなけ**

れば、**必ず質問する**のです。報告したとき、社長の期待に沿わなければ、なぜそのような判断になったのか、とことん確認します。**期限に間に合わせることに専念するがあまり、本来の仕事の意味をはずさないようにする**のです。

自分の体内時計で進んでいる社長にとって、期限は重要です。しかし、本当に必要なのは、**報告の内容と完成度**です。つまりそれが、言葉では表現されていなかった「潜在ニーズ」というわけです。

## ↓社長の潜在ニーズを引き出す質問とは!

社長の「潜在ニーズ」を受け取ろうとしない限り、いつまでたっても社長の真意を捉えることなどできません。社長の言葉を額面通りに受け取るだけでは足りないのです。そのためにも、**社長の「潜在ニーズ」は何かを常に考え、もしわからないようなら自分から質問をすること**。これが一流のフォロワーが常に行なっていることです。

その際、「どういう意味なのかわからないのですが、どうしたらいいですか」と質問したら、「そんなことは自分で考えろ」と言われてしまうのがオチです。そこは自分なりに考えて、「自分はこのように考えているので、こうしたいと思いますが」と言ってみる。それが社長の考えていることと食い違っていたら、当然社長はわかっていないと見られるかもしれません。

時には「そうじゃないだろう、こうだろう」という言葉が返ってくるので、社長の真意をとらえることができるというわけです。

もし社長が何も言ってくれなくても、あなたのことを〝食いついてくる人間〟だと思ってくれるだけ、一歩前進です。質問した意味は大いにあるのだと言えるのではないでしょうか。

# 2
## 怒られたときほど、社長に近づいて離れない

**↓あなたは激怒している社長の側にいたいですか？**

誰だって人に怒られるのは嫌です。そのため社長に仕える多くのフォロワーが、社長に怒られたときほど、できるだけ近づかず、距離を置いてしまいがちです。

しかし、社長が怒っている理由をはっきりさせないことには、根本的な解決にはなりません。今はただ社長の怒りが収まるまで待てば良いかもしれませんが、またいつか同じようなことで社長を怒らせてしまうことはわかり切ってい

ます。この事態、何とかしたいと思いませんか。

怒られたときは、「社長がなぜ怒ったのか」という真意を、とことん突き詰めておく必要があります。そのためには社長に徹底的に近づき、その真意がわかるまで側についていようというくらいの心構えが必要です。

社長一人ひとりで怒り方は色々ですから、真意をどう解明するのかも少しずつ違うかもしれません。しかし、とにかく近づいて側にいること。そして徹底的に社長の話を聞くこと。それでも社長の真意が汲み取れないと思ったら、最終的には社長に対して正直に、反省の弁とともに、「わからないので教えてください」という言葉と態度を示すのも有効だと思います。

人心掌握に長けている社長ほど、部下を叱ろうとするとき、自分の側に近づけようとします。これは、親が愛情から子どもを叱るときによく似ているのではないかと私は見ています。

## ↓怒るほど子どもを離さない親の気持ち

子どもに、「何でこんなことしたの！」ときつい言葉をかけると、子どもは泣き出したり逃げようとしたりします。それでも本気で叱ろうというとき、ぎゅっと抱きしめて決して離さないで側に置き、叱っている親がいます。子どもは強く抱きしめられることで、親が本当に怒っていることもわかるし、自分の何がいけなかったのかを一生懸命考えなければ、決して離してくれないことも気づくようになるのです。

ですから社長が、態度では激しく怒っているにもかかわらず、その原因を作ったあなたを自分の側において遠ざけようとしないのであれば、それは本気であなたを叱っているということかもしれません。あるいは、まだ叱り足らないのです。

一方、あなたもまた、自分のどこがいけなかったのかを、抱きしめられた子どもと同じように必死で考え、原因を突き止めておかなければなりません。そのためのチャンスを与えられているのです。

ときには、怒る原因となったあなたの顔など見たくもないと、社長からあなたを無視したり、関係を切ろうとする場合もあるでしょう。それを感じたときも、臆せずとにかくついて行くこと。これにはなかなか勇気がいりますが、最終的にはそういう態度をとったほうが、人間関係が修復できる確率が高いのではないかと私は見ています。一度離れてしまえば人間関係はそれきりで途切れます。側についていっているうちはチャンスがあるのです。

## ↓社長に愛されるには〝しつこさ〟がカギ

そもそも人間というのは、何日も何週間も同じ原因で怒りを持続させるのは不可能です。最初は心の中で「私がこんなに怒っていて顔も見たくないと思っているのに、しつこく私の周りについてくる」などと思っていた社長も、だんだんあきらめの境地に入ってきます。あきらめて受け入れてくれたら、しめたものです。

しつこくついて行って呆れられるかも知れませんが、「嫌な奴だな、うるさいな」と思われているうちは、愛されてはいませんが、関心は持たれているということです。

マザー・テレサの言葉に「愛の反対は憎しみではなく無関心です」というものがあります。これは世界的に有名な言葉ですが、これは全くその通りで、存在を否定されることが人間にとってはもっとも辛いことです。最終的に、社長の一番近くにいる存在として、関心を持たれるようになることは、一流のフォロワーの条件です。

# 3 「ワンダー」の気持ちを持って社長の話を聴いている

## ↓社長を不思議な人だと見る

どんな会社の社長もそうですが、おそらくあなたの会社の社長にも、何度も何度も口グセのように言う言葉があると思います。そこには、社長自身が頭の中で何度も考え、判断し、結論づけ、そのうえで到達した価値観が表れているはずです。「ああ、またこれか。それ、何度も聞いたよ」と思わずに、きちんと興味を持つことはとても大事です。

では、興味を持つとはどういうことでしょうか。

私はよく、企業研修などの際に「Wonder」という言葉を使って説明します。ワンダー、つまり不思議に思うこと。これは興味を持つという言葉より、もう少し深い意味があるのです。

## ↓社長の不思議なところを見つけ出す

社長に接していて、理解できないことは毎日数限りなく起こるのではないでしょうか。「この人は何でこの言葉を何度も何度も言うんだろう」「何でこんなことにいちいちこだわるんだろう」「何でこんなに怒るんだろう」というような、自分では理解しにくいことがあると思います。理解できないことが頻繁にあると、次第に慣れてしまい、最後は気にもならなくなります。

あまりにも、自分と考え方や価値感が違うことがあった場合、無理になぜ違うのかを考えるより、むしろ、最初から自分とは違う考えや価値観を持っている人だと思うことです。そうすれば、社長の言動の一つひとつを、「不思議だなあ、なぜだろうなあ」と考えることができます。

この「不思議だなあ」＝「Wonder」には、案外効力があるものなのです。自分とは違うと思った瞬間、自分と考え方の違うところを探そうとするのが普通です。しかし、これは簡単ではありません。

一方、**不思議だと思うことは、興味を示すということになり、深いところまで入り込める**からです。ぜひ、試してもらいたいと思います。

## ↓強烈な個性を持つ社長と強烈な個性を持つフォロワーの不思議

強烈な個性を持つ上司を支えた、同じく強烈な個性を持つフォロワーがいます。飯島勲氏です。

飯島氏は知り合いの紹介で、元総理大臣の小泉純一郎氏の初当選時から議員秘書となりました。その採用面接の際、苦しかった生活のことや家族のことを小泉氏に話しながら、政治家の家庭に生まれた小泉氏には理解されないと思っていたと言われます。しかし、小泉氏は黙々と話を聞き、最後に一言「よし」と言い、採用が決定しました。その瞬間、飯島氏は「この人のために生涯頑張り抜こう」と決意したと言われています。小泉氏の内閣総理大臣在任中は、最終的に総理大臣秘書官まで務めました。

小泉純一郎氏は首相時代から、その強烈な個性はその後世間で誰もが知る、個性豊かなリーダーでした。同じく飯島勲氏も、小泉純一郎氏とは違う強烈な個性の持ち主でもありました。

総理秘書官時代からその個性的な采配が注目され、メディア戦略や情報操作に長けていました。日本のメディアからは「官邸のラスプーチン」、アメリカのメディアからは「日本のカール・ローヴ」と評され、歴代の総理秘書官と比較してメディア露出が多かったと言われるほどです。

一流のフォロワーと言える飯島氏は、全く価値感の違う個性の強い小泉純一郎氏に男としてリーダーとして興味を持っていたと言われます。

一方、小泉純一郎氏もまた、永年秘書であった飯島氏を、自分とは全く異なる個性に興味を持っていたことをマスコミに述べています。

以上の話から、**一流のフォロワーは、違いに悩むのではなく、興味を持って観察することによって、自分のすべきことを見出す**のかもしれません。

# 4 リーダーズで社長を支えている

## ↓ 1人で動かない会社は誰が動かす

あなたが社長を支えるのは、何も社長を個人的に盛り立てようとか、社長の夢を叶えさせようということが目的ではないでしょう。あくまでも、自分の勤める会社が将来に向けての目的があり、そのために社長を支えようとしていると思います。

企業は、規模の大小にかかわらず、歴史を積み重ねていく成長を続けるために、たった一人の社長だけで意のままに動かせるほど簡単ではありません。

一人ではできないのであれば複数のフォロワーで支える方法も考えられます。

つまり**チームで動かそうという発想**が必要なのです。

私も、企業の人事コンサルティングを行う場合に、「リーダーズ」あるいは「リーダーズ開発」という言葉を使っています。

## ↓リーダーズが生み出したリーダーズの発想

リーダーシップ開発の公開セミナーで20名ほど集め、半年間のリーダーシップ研究の取り組みをしたときのことです。

セミナーの参加者は、大手企業の次世代のリーダーとして期待されているハイパフォーマーたちでした。参加企業も、大手広告代理店、最大手通信会社、老舗ホテルチェーン、化粧品大手など、そうそうたる企業ばかりでした。セミナーのテーマは、リーダーの研究でした。数名でグループを組んで、各社へ企業訪問してトップインタビューをしたり、アンケートを取るなど、ディスカッションを重ねました。これからのリーダーのあり方について研究し、最終発表をするプログラムです。

参加者は、半年もかけてリーダーについて徹底的に研究しました。その結果、あるグループが、「リーダーズ」というチームで行うリーダーのあり方を結論付けました。これからの変化する企業環境の中、一人のトップリーダーの考え方だけで組織は動かず、かと言って、強力なリーダーの存在も否定できないという議論から導き出されたものです。そして、このメンバーこそが、それぞれの企業で一流のフォロワーとして活躍している現役であり、自らの実践を基に、彼らだからこそ生み出せた考え方だったのです。

## ↓一人ひとりの専門的能力でシナジー効果を出す

リーダーズという概念ができた後、この概念を応用して考えると、社長を支えることについてもリーダーズの考え方が必要なことがわかりました。「何人かのリーダーが、チームで社長を支える」という発想が大切です。たとえば「社長に苦言を呈することができるリーダー」「社長に従順になって動くリーダー」「社長の問いかけにアイディアを出せるリーダー」「社長が言ったことを実行に移せるリーダー」など、得意領域で役割分担を決めてもいいのではないかと思います。

また、「経営企画を担当するリーダー」「マーケティングが得意なリーダー」「現場を掌握できるリーダー」といった専門性の違いによる組み合わせも考えられます。

それぞれ別の能力、別の役割を持ったリーダーたちがチームメンバーとなり、社長を支え、社長と社員たちの間に入り、会社を守っていくべきなのです。

よく、「カリスマ性の強い創業社長が退任したら、この会社はどうなってしまうんだろう」といった危惧について話を聞くことがあります。しかしたとえ社長が変わっても、社長を支え、会社を守るチームがいれば、心配はいりません。先代社長と同じようにイノベーションを起こしていくこともできます。

**社長を支えることは、会社にとっては一つのプロジェクト**です。そう考えれば、あなたの役割もまたはっきりしてくるのではないでしょうか。

# 5 多様な思考を持って社長を助けている

**↓過去にうまくいったことがうまくいくとは限らない**

第1章で、3人の成功社長が、自分自身の経験の壁にどのように立ち向かうのかを解き明かしました。しかしいったいなぜ、あえて過去の経験を踏襲せずに、〝立ち向かう〟のでしょうか。

経済レベルが低く、未成熟の時代であれば、経験に則した道筋を辿っていけば、ほぼ間違いなく目標に向かうことができました。また、成功も約束されていたかと思います。しかし、今のように成熟した時代では、大幅な経済成長は予想できません。社長が自分の経験や価値観をベースにものを考えていると、リスクが大きくなることも容易に想定できます。

そうでなくても、大きな成功体験をすればするほど、社長自身もその怖さを感じているはずです。自分がひとつ判断を間違えば、自分について来ている皆が傷つき、痛い思いをすることがわかっているからです。

先行きが不安定で、不確定要素が多く、いつ何が起こっても全く不思議ではない環境では、計画を立てて、そのとおりに事が運ぶというのはそもそも難しいものです。そうした状況で、過去にうまくいったという理由だけで同じことをくり返していては、10年先、20年先の会社の存続も危ぶまれます。

世の中の変化の波に合わせて、今と同じか、ちょっと高得点といった水準で結果を出し続ける道を選ぶか、何か思い切ったブレークスルーを仕掛けるのかは、迷うところだと思います。

実はそれに関連して、興味深い分析結果があります。

アメリカで発行されている経営学誌『ハーバード・ビジネス・レビュー』に

掲載されたイノベーションと多様性に関する有名な論文があります。多様な能力経験を持つメンバーで構成されたチームと均一なメンバーで構成されたチームでそれぞれ提出した特許の結果、どちらのチームから出された特許アイディアのほうが、革新的な結果が出たかという分析です（図8参照）。

その結果、多様性の低いメンバーで構成されたチームの特許アイディアのイノベーションの平均点は、多様性の高いメンバーのイノベーションより平均点が高いという結果が出ました。

この結果からすると、多様性が低いほうが平均点が高くで良いということになります。しかし、個々のイノベーションの質を見ると、多様性の高い組織は、ずば抜けて素晴らしいアイディアが出たり、より革新的なイノベーションを起こしたという結果になったのです。つまり、多様な人が集まるチームは、平均的なイノベーションは期待できます。しかしずば抜けた結果を生み出すのは、多様なメンバーで構成されたチームだということなのです。

## ↓多様性があるほうが大きく化ける可能性がある

ここからわかることは、**多様性があるほうが、まとまりはないかもしれないけれど、〝大化け〟の可能性を多分に含んでいる**ということです。

これは組織についても同じで、**皆が同じ意見を唱えて、同じような選択を良しとする組織では、突出した成功は望めない**ということです。

社長は常に100％、迷いなく答えを出せているとは限りません。第1章で3人の成功社長の例を出しましたが、同じ社長が、その時々の環境やマーケットの状況をにらみつつ、時に「成功の壁を壊す」という決断をしたり、「成功の壁を乗り越える」という決断をするということも当然あると思います。

今、社長がどういう決断をしようとしているのか。その決断を自分が心から信頼し、ついて行こうとしているのか。そこを問い直し、新たな気持ちで社長に向き合うことが、社長の覚悟を本当に受け容れることになるのだと思います。

**一流のフォロワーは、多様性のあるチームを作り上げる**のです。

## 図8　多様性とイノベーションの関係性

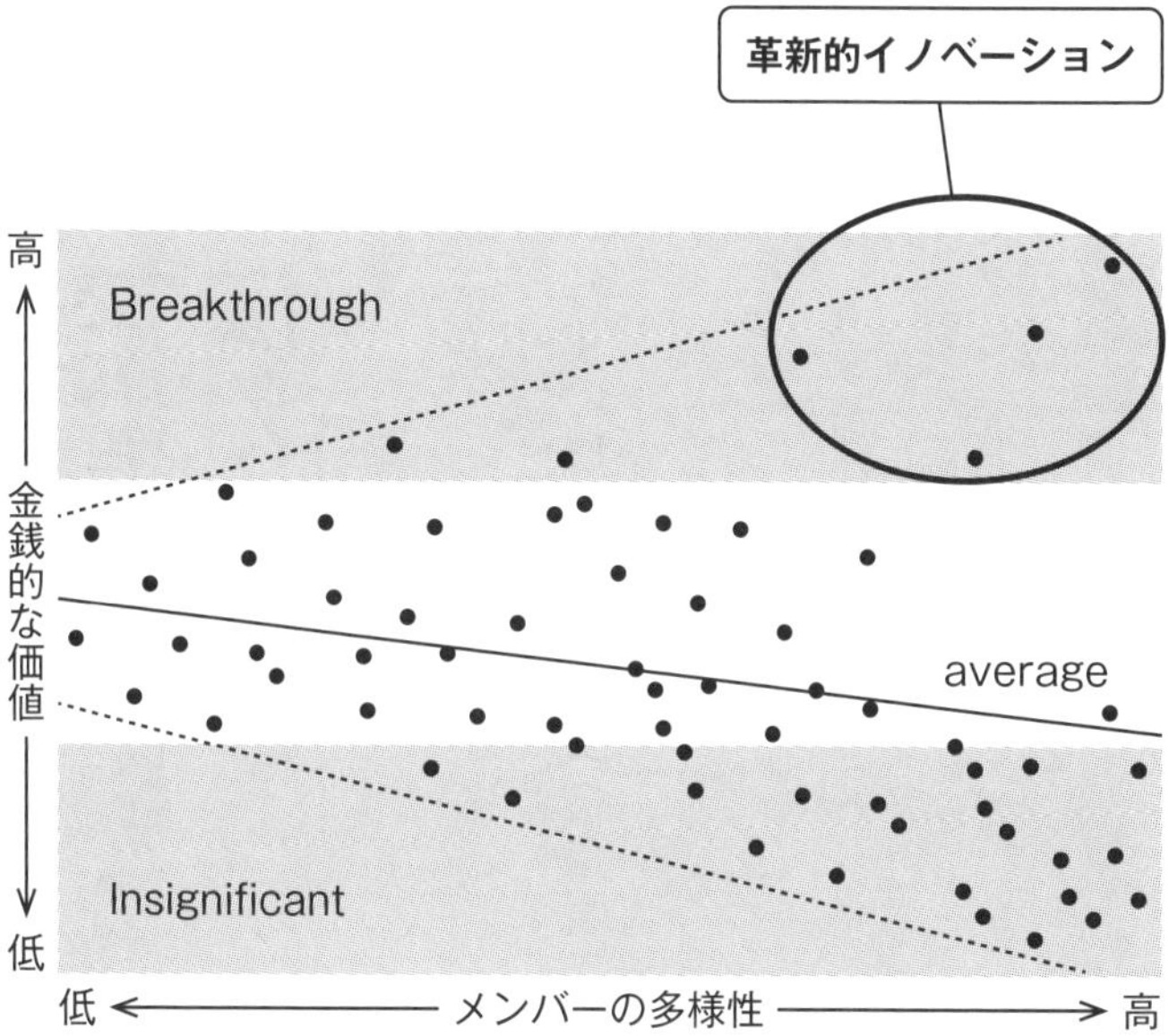


出典：Fleming Lee, Perfecting Cross-Pollination, HBR, September 2004.邦訳(『「学際的コラボレーション」のジレンマ』DHBR2004年12月号)

# 6 「伝道者」になって伝えている

## ↓自分の言葉で社長の思いを伝える「伝道者」

フォロワーの基本は社長の通訳者です。そして、一流のフォロワーは、通訳した社長の思いを自分の言葉のように話します。社長の思いや考え、将来のビジョンを社員たちに伝えることもまた、重要な役割です。そこで、**社長の「伝道者」になることがとても大切**です。

ある地方のアミューズメント企業の事例で説明してみたいと思います。

この企業は、創業から数年後に一度破産申請をした企業でした。そのとき、新社長に就任したのが現在の社長です。その後30年、数々の困難を乗り越え、今の成功に至っています。

その間、何人ものフォロワーが生まれては去り、やっと今のチームができました。それだけに企業理念も、社長と一緒に様々な失敗と成功の教訓を活かして創り上げた意味の深い内容です。

実はこの企業で全社員を対象にした理念浸透セミナーを開催しました。そのとき、2人のフォロワーが語った話をしましょう。

1人目のフォロワーは社長に代わって企業理念の話を熱く、このように語りました。「社長が考えている理念はこのような意味があり、これが理念の本質です」と。

もう1人のフォロワーは、同じく社長に代わって

「我が社の理念はこのような意味です。これが理念の本質だと私は考えています」

と、企業理念の説明を同じく熱く、力強く語ったのです。

もうおわかりだと思いますが、2人のフォロワーの話し方の違いは、社長の伝えたい考え方を「社長が言っている」と言うのか、または「自分が思っている」と言うのかの違いです。

「社長が言っています」「社長の○○という言葉の真意は、こういうことです」という言い方では、まだ自分の意志にはなっていません。それでは右から左へただ言葉を伝えているだけで、あなたが心から社長の言葉を信じ、自分でもそうなるように動こうとしていることが伝わりにくいからです。それでは、社長に代わって社長の真意を伝道者として伝えるにはまだ弱いと思います。

「伝道者」になるということは、すなわち、**社長になり代わって社長の言葉を伝え、皆の心を動かす**ということです。

## ↓社長の言葉は言い続けて癖にしよう

それでは、どうすれば伝道者になれるのでしょうか。

社長の言葉は、あたかも自分の言葉であるかのように、何度も何度も言い続けることです。そうすればやがて、あなた自身の言葉になっていきます。

企業の優れたフォロワーが、会社の未来を語るときになると社長の口調にそっくりであるという例を、私はこれまで何人も見てきました。あなた自身が社長にそっくりになるくらい、社長の言葉を自分のものにしなければならないのです。

また**社員たちを動かす前に、自ら動いて社長の言葉を実践すること**です。行動を続けていけば、やがてそれがクセになり、クセは習慣になっていきます。そして習慣は自分自身の価値観を創り上げます。つまり、社長の言葉を実践し続けることで、社長と同じ価値観を持てるようになるのです。

こうして、社長の言葉を、自分の価値観を基に、自分の言葉として発信できるようになることが、真の意味で「伝道者」になるということです。「そこまでやるのか」と思われるかもしれませんが、大勢の社員たちを動かすにはどうしても必要なことです。そして、そこまでやることが、社長を支えるポジションに就いている人の役割と責任だと私は考えています。

# 7 社長と本音で話す機会を持っている

### ↓社長と一緒にフォロワーも成長する

社長はいつでも、ほかの人たちとは違うすごいスピードで成長し続けている人だということを、第2章でお話ししました。だから、社長には何十年たっても変わらない部分もあれば、「朝令暮改」どころか「朝令朝改」になるほど変わっていく部分も多々あります。そこにどう対処していくのかは重要な課題です。

しかし一方で、あなた自身のことも忘れないでもらいたいと思っています。

成長し、変わっているのは社長だけではありません、あなた自身もまた、日々成長し、変わっているのです。社長を見ているその視点、見方もまた、あなた自身の成長につれて変わっていきます。そのことを自分できちんと気づくことは、必要なことです。気づいたうえで、感謝や内省、様々な気持ちを持ち、行動を取っていくことこそ、社長と一緒に仕事をすることにつながっていきます。

## ↓社長が本音を話し出す会話のサイン

それでは、自分の変化というものを認識する良い方法というのはあるのでしょうか。私は、それは**社長と本音で話す機会を持つことが一番**ではないかと考えています。社長とあなたの関係に限らず、どんな人間関係においても言えることですが、最初は表面的、形式的な会話しかできないものです。それが、やがて感情を出して話すことができるようになっていきます。もっと段階を踏んでいけば、本質的な話ができる関係になるでしょう。

そこへ辿りつくまでには、互いに対立したり、感情を剥き出しにするなど、色々なアクシデントもあるだろうと思います。しかし、あらゆる出来事を経て、できるだけ早く本質的なところに到達できれば、より良い関係が築いていけるのではないかと考えています。

自分が本音で話すように心掛けるというのも大事ですが、それでは社長が本音で話そうとしているきっかけというのを、どこでキャッチすればいいのでしょうか。そのキーワードが、たとえば、**社長の「そもそも」「実は」「本当は」など、会話の流れを変えたり、深める時に切り替えるキーワード**です。これは**本質的な話に切り込もうとしているサイン**です。そこを見逃すことなく、社長と本音の会話をし、それを通して自身の成長や変化にも気づくことができます。

## ↓カリスマ社長の出すサイン

私は仕事柄、社長たちと食事や一緒に飲む機会があります。特に少人数のときに、それまでわからなかった社長の本音が見えます。ただし、ただ話しているだけでは、なかなか本音はわかりません。そんなとき、社長のちょっとしたキーワードが話に出ることがあります。ではその例をお話ししましょう。

外食産業大手の創業者でもあるY社長と食事をしたときのことです。食事中の話題がいつしか、女性活躍推進の話題になりました。しかしこのときはあまり話題も広がらず、そのまま別の話題でも盛り上がりました。

それから、1年くらい経ってから、またY社長と会食の機会がありました。このときは何と社長から、「ところで下山さん、最近他社で女性活用について何かやっていることがありますか？」と社長から質問してきたのです。

このとき、「ところで」という言い方が妙に真剣でした。そこで私は社長に「何で急に女性活用に興味を持たれたのですか？」と聞くと「実は、先日参加した経団連の会合で、安倍首相からのメッセージもあり、会合に参加した社長たちもかなり真剣に話していたからです」と教えてくれました。

そこで「社長は実際、その必要性をどう考えていますか？」と率直に質問してみました。すると「実は、当社の場合、現場の女性比率はそこそこあるので、よくやっていると思っていたけれど、実際に近い将来を考えると、真剣に考える時期に来たと考えているのです」と本音で話してくれました。

このように、社長のちょっとした言葉の中に、興味や関心のキーワードがあるものです。

一流のフォロワーたちは、一般社員に比べれば、はるかに社長の本音聞き出すチャンスが多いはずです。ぜひ、社長の本音を聞いてあげる存在になってください。

# 8 社長の意外なルーティンを知っている

**↓ルーティンがわかれば、もしもの対処ができる**

私が今まで1000人以上の社長やフォロワーたちと向き合ってきて感じているのは、**どんな社長も独自のルーティンを持っている可能性が高い**ということです。

プロスポーツ選手の世界でもよく言われることですが、毎回試合のたびに同じポーズや同じ仕草をすることで、必要な神経を集中させて、同時に必要以上の緊張をほぐすことができます。社長のルーティンというのも、それに似ているのではないでしょうか。

イエローハットの創業者・鍵山秀三郎氏は、「凡事徹底」という信念のもとで、日々清掃を徹底して行う企業文化を作り上げました。まさに全社的なルーティンです。

そもそもこの習慣は、鍵山氏が創業して間もない頃、身に付いたようです。当時、まだ零細企業だったイエローハットには新卒で応募する人もなく、人手不足で、転職をくり返して渡り歩いた人材や心が荒れていた人材ばかりがいたようです。

そんなとき、鍵山氏は、この人たちの心をどうやって穏やかにするかを考えました。その結果が「清掃」だったのです。

当時の鍵山氏は口下手で、うまく言葉で想いを伝えることができませんでした。だとしたら、働く環境をきれいにして、心を穏やかにしてもらうしかない。これが唯一の手段と考え、現在の全社的な取り組みになったのです。

この会社にとって毎日行う清掃がまさにルーティンであり、仮にこの習慣を忘れたら、様々な問題が起こるのだと思います。

また、私の知っている社長で、極度な緊張を余儀なくされる会議の前に、必ず社長室の中をグルグル歩き回っているという人がいました。そのときは「落ち着きがないなあ。重要な会議の前なんだから、もっと堂々と構えていればいいのに」と思いました。しかし、だんだん付き合いが長くなってくると、そうではなく、この社長は部屋をグルグル歩き回ることで心を落ち着け、邪念を取り除いていることがわかってきました。

ちなみに私は、仕事をする前に、まず働く場所、机やテーブルをきれいに片付けてからでないと、仕事の生産性が下がり、集中力も途切れてしまいます。従って、仕事部屋の机やイスがバラバラだったらまず、整理整頓してから仕事を始めます。

朝起きたらまずうがいをしてから歯を磨くとか、鏡の前で同じストレッチをするといったこともルーティンの一つです。

**社長の側についている人は、社長のルーティンを覚えておいて、決してそれを妨げないこと。**せっかくルーティンを行なっているときに何かの横やりが入り、それができないまま重要な会議に出たり、ここ一番という場面に臨むと、社長の調子が狂ってしまって、普段ならできる冷静な判断ができなくなることもあるのです。

それと、いつも必ずこの場面でルーティンをやるだろうというようなときに、**社長がルーティンをやらなかったとしたら、それはある意味、非常事態**です。何か予期せぬことが起こる兆しかもしれないと考えて、その日の社長の行動に気をつけておくべきです。その心構えがあらかじめあるかないかで、もしものときの対処が全く変わってくるからです。

# 9

# 社長の「現場感覚」を尊重している

## ↓ 社長から見る現場

社長に対して、「現場のことがわかっていない」と非難する言葉を、部下の人から聞く機会があります。おそらく、そう発言する人は、現場の問題点を知っていても解決できないことを、社長の問題にしているのだと思います。社員にとっての現場は、お客様に接する最前線、あるいは製品を生産する最前線が現場なのかもしれませんが、**社長にとっては会社の中の何から何までがすべて「現場」と考える必要があります。**

たとえば、社員にとっては、社長や経営陣が集まるマネジメントの場や、会社のこれからを決める経営会議の場は、現場という感覚はないと思いますが、社長には、これも自分が実際に奮闘を繰り広げる「現場」です。その意味で社長は、ここから会社全体を見ているのです。

通信販売会社大手の「ジャパネットたかた」の創業者で前社長の高田明氏が、ついに引退しました。ある意味最も現場のことを理解している社長で、最後まで現場にこだわり続けた社長です。それでは現場最前線で自ら指示を取る高田社長は社員と同じ視線で現場感覚を持っていたのでしょうか。それは違うと思います。高田社長は、社員とは異なった視座を持った社長だったのです。

TVショッピングで自分が紹介する商品は、ほとんどの商品を実際に使い、自分の目と体験で選んだ商品をわかりやすく説明することで成功してきた社長です。

その高田社長が、最後の放送で行なったことが、社長ならではの現場感覚でした。

最後の放送では、これから高田社長の役割を引き継ぐアナウンサーたち全員が社長とペアで次々と商品を説明していくという演出でした。

ところが、商品の説明は全てペアのアナウンサーが説明し、いつもの商品説明はしなかったのです。高田社長が説明したのは、このアナウンサー一人ひとりの今までの努力や良い所でした。

高田社長にとっては、アナウンサー一人ひとりが自信を持って紹介したい商品以上の存在だったと言えます。社長の目で見ると、どこでも現場であると同時に、社長は他の従業員とは異なった視点で現場を見ていたという、すばらしい例だと思います。

## ↓フォロワーが行う社長の現場感覚のフォロー

どんなに優秀で有能な社長であっても、会社の中の隅から隅までを全部見るなどということは不可能です。だからこそ、店舗や工場、販売、接客、生産、品質管理といったそれぞれの現場を熟知し、各現場を見ているリーダーが社長を支えているのです。その人たちが見えていることを、社長が全て見えていないからといって、「現場がわからない」と言ってしまうのは間違いです。もしそれが社長に見えていないなら、**見えるように、わかるようにすることが、それぞれの現場のリーダーたちの役目**です。

そして、社長にそれが見えてはじめて、社長ならではの現場感覚を発揮することができます。社長を支える人たちは、社長の判断や課題に感じていることは全て、「現場感覚」を基に立ち上がっているのだということをわかったうえで、受け止める必要があります。もし、それがそれぞれの現場の常識とか、従来の考え方と違っていたとしたら、「社長は現場を理解していない」と言うのではなく、新鮮な意見として積極的に採り入れる姿勢も、また必要なのです。

# 10 社長のタブーを知っている

## ↓禁句の次にさらに注意すべきこと

前章の社長を支える基本の中で、禁句を使ってはいけないことを説明しました。社長に使ってはいけない禁句はそれぞれ違います。それを社長の側で働くフォロワーは、日々の社長とのコミュニケーションで覚えていきます。

さらに彼らは、社長がタブーと考えている言動を理解しています。タブーとは、絶対にやってはいけない行動や話題にしてはいけないテーマです。

よく、「逆鱗《げきりん》に触れる」とか「禁断の扉を開ける」という言い方がありますが、これがそれぞれの社長にも何かしらあります。

## ↓常識で判断しても意味がない社長のタブー

社長にとってのタブーは一般的な常識で、善悪を判断できないという事例でお話しします。

それは一代でグローバルレベルのチェーン店に会社を育て上げ、上場企業にした成功社長の話です。

この社長は、創業時より数百店舗に拡大した現在まで、日々現場を周り、自分の目で確認しながら、見たことや気づいたことを、毎月文章にして社内に徹底しています。そのため企業理念が従業員全体に浸透している素晴らしい会社です。社長は、満面の笑顔で自分の考えている想いを語り、多くの社員から尊敬されています。私はこの素晴らしい社長をぜひとも多くの人に紹介したいと思っていました。

そんなとき、地方で講演会を開催しているある団体から、事業で成功した社長を演者として探しているという話を聞きました。早速私はこの社長を紹介するため、この社長のフォロワーであるB氏を通して講演の依頼をし、快諾してもらいました。このとき私は、B氏に講演日時と場所、講演してもらいたい内容だけを伝えました。

数ヶ月後、講演があった翌日の朝、突然私宛にこの社長から激怒の電話が入ったのです。

社長は、「参加者が12名しかいなかった」「会場は自分が到着してから準備を始めた」「講演が終わったらすぐ帰らされた」というのです。

当初私は、何を怒られているのか全く理解できず、ただ社長の言い分を聞いていました。それだけ聞くと、何でそんなことで激怒するのだろうか、講演会ではそんなこともあるかもしれないと、反射的に言い訳を考えてしまいました。

しかし、冷静に考えてみれば、多忙極まりない社長の仕事の中で、貴重な時間を割いて、ある意味社長とは直接関係ないにもかかわらず、参加者のために時間を使ったわけです。

おそらく社長は、自分を必要としてくれるのであれば、忙しくとも、地方であっても講演をやろうという気持ちで快諾したのだと思います。それにもかかわらず、準備もままならない会場で、参加者の数にがっかりし、講演が終わってすぐ解散では、それは激怒するのも間違いないと理解しました。

安直に考えて講演を依頼し、私とB氏は社長の信頼を裏切ることになりました。後でB氏と話したのですが、社長は常に全力で、ギブ・アンド・テイクの人だと言っていました。社長は自分も全力で行うのであれば、相手も最大の感謝の念もあるべきという考え方の人なのです。私もB氏も、このような社長の根本にある価値観や判断軸のようなものを理解できていれば、もう少し別の依頼方法が採れたと思います。社長の逆鱗に触れるのも、もっともだと思いました。

## ↓なぜこだわるのか理由を知っている

社長にはそれぞれ、大切にしていること、誇りにしていること、守り通したいことがあります。ある意味思想のようなものです。それは良いとか悪いとか、第三者が評価しても何も変わりません。**変えることができない絶対的なこと**です。

従って、この思想の障害になることが少しでもあれば、猛烈な反発のエネルギーを発揮します。あるときは激怒し、あるときは攻撃をします。

一流のフォロワーは、それが何なのかを、言葉や噂ではなく、その背景や本質的な理由を理解できています。

付　録

# 社長のタイプと
# その対応法

「はじめに」でもお伝えしたとおり、日本には約261万社の会社があると言われています。少なくとも200万人以上の社長はいるということです。当然社長もいくつかのタイプに分けて整理することができます。

そして社長にも、自分で事業を起こし、会社を立ち上げた「創業社長」と、前社長から引き継いで社長に就任した「後継社長」がいて、それぞれ考え方や行動パターンが異なります。また、経験の長さによっても変わってくるはずです。

ここでは、「創業社長か後継社長か」「経験が長いか短いか」の2軸を基に、タイプ別の社長の特徴をお話しします。

1

創業社長×社長経験が長い

# ベンツ社長

【特徴】

創業から永年にわたり会社を成長させてきたことから、社業の全てにおいてゆるぎない自信を持っており、社内ではカリスマとしての存在。幹部でさえ本音をぶつけにくいオーラがある。

【対応法】

社長が永年にわたり積み上げてきたことや、社長の価値感を自分の言葉で語れるように理解し、社長に代わって社内に浸透させる役割を持つようにする。スピード感を持って対応する短期的課題と、本質的なことに取り組む長期的な課題の両方を、並走して対応していくことが重要。スピードの出るベンツをうまく操作し、長距離でも適正なスピードで走ると快適です。

2

### 創業社長×社長経験が短い

# ポルシェ社長

**【特徴】**

ベンチャー企業の創業者が、典型的にこのタイプ。「何かしたい」という強い気持ちがあって会社を立ち上げており、スピードとアイデアが命。朝令暮改どころか朝礼朝改も日常的に行われる。ただし失敗しても、すぐ次の手を考え、行動する。

**【対応法】**

突出したアイデアで突き進む社長だからこそ、どこかボコッと凹んでいる部分がある。そうした社長の“凹み”を補いながら、社長と一緒に次のステージを目指していく。まるでポルシェに乗って軽快に走っているようだが、スピードが出るほど運転は難しい。

3

後継社長×社長経験が長い

# レクサス社長

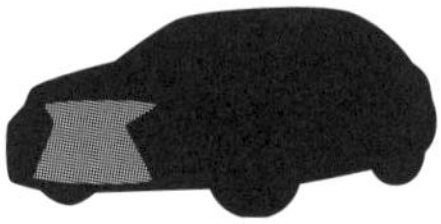

## 【特徴】

会社を愛し、人生をかけて働き、数々の困難を乗り越えてきた自信もある。残りの社長人生で、自分の存在価値として今後何を残すべきなのか、何が残せるのかを考えている。次のステージに向かい、過去の延長戦ではない新たな成功を目指すため、社内に限らず、社外のリソースを使って、挑戦をしている。

## 【対応法】

継続して改善や仕組み化を行うため社長に代わって先頭に立つことが必要。レクサスが成功し、次世代モデルを探しているように、世代交代を目指すような新たな挑戦を、社長と一緒に目指す種植えを始める意識を持つ。

4

後継社長×社長経験が短い

# BMW社長

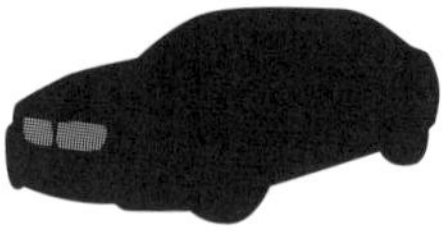

【特徴】

従業員の中からトップに立ち、このうえない誇りと期待とともに、常に不安と緊張感がある。失敗もあるが常に全力疾走し続けていて、息つく暇もない毎日を送っている

【対応法】

自ら車を運転するように走り回るには、ＢＭＷのように高性能の車が最大限に活かされるように、周りがサポートする必要がある。社長より経験のある人、経験はないが、社長と同じ視点の人、社長の手足になる人、それぞれが自分の役割と能力を最大限に発揮して社長をサポートする。

ここまで社長について、創業者か後継者、あるいは経験値の違いから分類してきました。加えて、性格による社長の分類をしてみると、動物たちにたとえることができます。あくまでも、単なる性格の特徴から傾向を記載したものです。一般的な対応法として、参考にしてください。

※なおここに述べるタイプ別については、動物占いとは異なり、著者独自の見解で書いています

**1**

## 性格別に、社長を動物にたとえたら

# オオカミ型社長

**【特徴】**

孤独を好み、一人でいるのが苦にならない。自分のペースを乱されることが嫌。オリジナリティを大事にしているため、前例にならうことが大嫌い。

**【対応法】**

自分の決断を重視するため、進言をする際は十分注意を。「他社ではこういう例があるので、それがよろしいのではないでしょうか」はＮＧ。「この会社ならではを考えれば、答えはこれしかありません」というストーリーが効く。

2

性格別に、社長を動物にたとえたら

# コジカ型社長

**【特徴】**

人に囲まれるのが好きだが、好き嫌いが激しい。認めた人にはフレンドリーに接し、わがままになる。愛情を確認できないと機嫌が悪くなる。

**【対応法】**

「頼れる部下」として社長を盛り立てるだけではなく、わがままに付き合っていく手法が必要。「裏切られた」「腹の中でこんなことを思っていたんだな」と誤解されるような言動、行動に注意する。

3

性格別に、社長を動物にたとえたら

# ドラゴン型社長

**【特徴】**

才能豊かで、行動は自由奔放で大胆。束縛されることが大嫌い。面倒くさがりで気分屋。あふれる才能で突っ走る。得意なことと苦手なことの落差も大きい。

**【対応法】**

社長が才能を発揮し、奔放に振るまえるように考えることが大事。社長の才能が、会社のブランディングに直結することも多い。広告塔の役目も果たすので、社長が先頭を走れる体制を作る。

4

## 性格別に、社長を動物にたとえたら

# ライオン型社長

### 【特徴】

完全主義者なうえ現実的で、強いリーダーシップがある。細部まで目を光らせ、何もかも自分で把握していたいタイプ。弱音を吐かず寡黙な半面、気を許した相手には甘えん坊な一面もある。

### 【対応法】

常に社長が行うことを先回りして準備する。存在感や影響力の大きさを受け容れ、同じ価値観を持つことができれば、強い組織を創ることができる。

5

性格別に、社長を動物にたとえたら

# タイガー型社長

**【特徴】**

いつでも冷静沈着。初志貫徹を大切にし、自分自身でも誇りを持っている。率先垂範で、短期間で会社を大きくしていく人が多い。

**【対応法】**

信じてついていくという姿勢を見せることが大切。そういう部下に対しては、面倒見が良く、親分肌を発揮する。バランス感覚が抜群なので、何か言いたいことがあるときにはきちんと腹を割って話をすれば、聞く耳は持っている。

6

性格別に、社長を動物にたとえたら

# バッファロー型社長

## 【特徴】

職人気質で、何かをやるとなったら徹底しており頑固者。自分の創るものにはプライドを持っているので、一切手を抜くことがない。ふだんは寡黙だが、一度怒ると激しいのが特徴。相手に対して、敵か味方かを判断して明確に分ける。

## 【対応法】

気難しい性格で言動には注意する必要がある。裏表がなく、シンプルだとも言えるので、性格的な特徴に慣れればそれほど対応が難しいわけではない。

7

性格別に、社長を動物にたとえたら

# ヒツジ型社長

**【特徴】**

優しくて寛容で、心を許した人にはとことん尽くす。丁寧で、物腰も柔らかい。社員が活躍できる環境を創ってくれるがストレスを貯め込んでしまいがち。

**【対応法】**

自ら聞き役になって、ストレスを発散させるようにする必要がある。社長の優しさや寛容を組織に活かす工夫をすると組織が活性化しやすい。

8

## 性格別に、社長を動物にたとえたら

# フクロウ型社長

### 【特徴】

広い視野で見ていて、何事もしっかり計算している。ポーカーフェイスで、考えていることを簡単に人に話さない。競争意識が強いので、競合他社の動向などにも敏感。負けるとわかっている勝負には、最初から挑まない。

### 【対応法】

ふだんからどんな情報を求めているのかを読み取っておく必要がある。社長と一緒に戦略を創り、行動すると、社長は安心できる。

9

性格別に、社長を動物にたとえたら

# チーター型社長

【特徴】

狙った獲物を追いかけることが得意で、改革を起こすタイプ。高い目標を持っており、チャレンジ好きで行動的。自分が手に入れたいものは、エネルギーを注いで手に入れる。輪の中心にいて周囲を巻き込んで、無理難題を言う。

【対応法】

一緒に仕事をすると、多くの刺激を受けられるが、振り回されて苦労することも多々ある。信じてあきらめずについて行くと、一緒に成功体験を得られる可能性が高い。

10

性格別に、社長を動物にたとえたら

# ヒョウ型社長

【特徴】

新しいもの、目立つものが大好きで、絶えず情報をキャッチしている。チーター型同様、狙った獲物を追いかけることが得意。飽きっぽいので、コツコツとやり続けるのは少々苦手。プライドが高く、メンツをつぶされると猛烈に怒る。

【対応法】

「あなたのために最大限のサポートをします」という態度を見せることが大事。新しい情報を追いかけて落ち着きのない面もあるので、常に落ち着いて対応することが重要。

11

性格別に、社長を動物にたとえたら

# サル型社長

【特徴】

常に社内外を絶えず動き回り、従業員とも気さくに話すリーダータイプ。「やってみよう」「いいね」と言うことが多い。思いついたら即行動しないと気が済まない。深く考えるのは苦手。

【対応法】

走りながら考える傾向があるので、お目付役の部下がいないとちょっと失敗も多く、周囲が社長の足らないことをサポートする。

社長の価値感や、判断基準は、社長の生い立ちや、過去のエピソードから想定することができます。できれば、社長と一対一で話す機会があれば、その時に思い切って質問してみると良いでしょう。

**6.今までの人生で失敗体験と言えることは何ですか？**

[ ]

**7.今までの人生で最も辛かったことは何ですか？**

[ ]

**8.今までの人生で最も感動したことは何ですか？**

[ ]

**9.今までの人生で最も嬉しかったことは何ですか？**

[ ]

**10.ライバルはいますか？　それはどのような人ですか？**

[ ]

## 社長の経験を探求する（第１章参考）

1. ご両親にはどのように育てられましたか？

[　　]

2. どのような子ども時代を過ごしましたか？

[　　]

3. どのような学生時代を過ごしましたか？

[　　]

4. 社会人１年目に仕事をして思ったことは何ですか？

[　　]

5. 今までの人生で成功体験と言えることは何ですか？

[　　]

**11. どんな夢がありますか？**

［　　　　　　　　　　　　　　　　　　　　　　　　］

**12. 尊敬する人物は誰ですか？**

［　　　　　　　　　　　　　　　　　　　　　　　　］

**13. 一番楽しいことは何ですか？**

［　　　　　　　　　　　　　　　　　　　　　　　　］

**14. 大切にしているものは何ですか**

［　　　　　　　　　　　　　　　　　　　　　　　　］

**15. 夢中になっていることは何ですか？**

［　　　　　　　　　　　　　　　　　　　　　　　　］

# おわりに

## ↓「社長」を間近に見ながら育った幼少時代

私が「社長」という役職を意識したのは、物心がついて間もない頃でした。

私の父は結婚して間もなく田舎から上京し、母と一緒に洋服屋の経営を始めました。その後、高度成長の波に乗り、東京で本社と縫製工場、販売店舗を構え、一時は数百名の従業員を持つドレスメーカーへと成長しました。

創業社長の父の活躍を幼い頃から見ていた私は、友達と公園で遊ぶより、父の会社や取引先の訪問について行くのが何よりの楽しみでした。時には従業員を叱ったり、取引先で交渉する場面を間近で見ながら育ったのです。

母はと言うと、私たち姉弟3人をお手伝いさんに預け、父の会社で経理全般を任されていました。社長の側近であり、創業メンバーの1人だったのです。

今考えてみると、夫婦で子育てと言うよりも、私に会社を継がせる夢を持ち、帝王学を教えていたのかもしれません。私にとっての父親は憧れの社長であり、母親は信頼され、優れた側近であり、フォロワーだったのです。

そんな環境の中で育った私は、あるときこんな場面に出くわしました。

毎年正月になると、従業員が大勢家にやってきます。社長である父の側には取り巻きが何人もいて、「社長！　社長！」と言いながら父を持ち上げているのです。父はと言うと、「悪い気持ちはしないぞ！」と言わんばかりの満足そうな顔。社長と呼ばれる仕事はそんなに楽しいのかと不思議でした。当時、田舎に帰らない従業員を家に集めて、夜中まで酒を飲みながら騒いでいたのを鮮明に覚えています。正月は無礼講ということなのでしょうか、皆で楽しく飲んで騒ぎながらも、父に食ってかかり、こっぴどく叱られている従業員の姿も幾度となく見てきました。こんな光景を見て、従業員は社長に本音を出して良いのか悪いのか、当時子どもだった私には、不思議で理解が難しい問題でした。

## ↓父を亡くし、無一文になって出会った会社

高校生になった私は、やがて社長として大きな試練と戦い、みるみる弱っていく父の姿を目の当たりにすることになります。会社がそれなりの規模になり、さらに大きく発展しようとした矢先、父の会社が、信頼していた取引先に騙されたのです。それがきっかけとなり、会社存続に影響を及ぼすほどの大きな損害を抱えてしまいました。

社長である父自ら金策に走り回り、日増しに顔が曇っていくのと時を同じくして、長年苦楽を共にしてきた側近たちがどんどん去っていきます。その様子を見て、社長業はこんなに辛いものなのかと気づきました。

その後体調を崩した父は、心痛もあってか、病気になり、54歳という若さで世を去ります。会社は倒産し、家は人手にとられ、母と我々姉弟は無一文になりました。

実に、私が高校を卒業する直前のことでした。

社長になることが当然のように育てられた私でしたが、決まっていた米国留学もあきらめ、大学へも進学できなくなり、生まれてはじめてのアルバイトを始めることになります。それが、創業間もない日本マクドナルドでのアルバイトでした。このことが、私の人生を大きく変える出会いとなったのです。

## ↓32年間で得た貴重な経験

ここから怒涛の如く、私の人生は大きく変わり始めます。

急成長する会社で私は、社長候補の人生からサラリーマンの人生にシフトチェンジしたのです。アルバイトから始まって社内の主要な部署を経験し、会社全体の人材教育を任されるまで、通算32年間、ここで多くのことを学びました。

結果として、現在の人財ラボ社長と創新ラボ会長のほか、多数のボランティア活動をさせていただくための貴重な経験を日本マクドナルドで学ぶことになります。

マクドナルドでは、創業者である故藤田会長、新卒から入社して経験を積み、二代目社長として社長に任命された八木前社長、そしてプロフェッショナル経営者として米国マクドナルドが送り込んできた原田前社長、それぞれ3人の個性ある社長をすぐ側で見ながら働く貴重な経験をすることになります。

しかし今回、この本を執筆するきっかけになったのは、この3人の社長を見たからだけではありません。この先の人生でこの本の題材となる多くの経験をしたからです。

## ↓クライアント3社から始まった創業

2004年、原田前社長の経営方針に強烈な疑問を抱いた私は、32年間お世話になったマクドナルドを飛び出しました。幸いにして退職後、すぐに3社の人事・教育に関する顧問的な立場の仕事をいただき、それぞれ個性的な社長の側で働く機会に恵まれます。このうちの2社は、10年以上たった今でも、企業内大学や人事支援のお付き合いが続いており、それぞれの社長には心より感謝しています。

## ↓会社の内外から「社長」と接する

私はマクドナルドを退社後、すぐに現在の人財ラボを起業したため、従業員をはじめ、多くの方々に支えらえる立場である一方で、今まで数百社の社長と出会い、人事、教育面から支援する立場で15年近く実績を積み上げてきました。さらに、創新ラボというＩＴベンチャーがグループ会社として創業し、現在勢いに乗って急成長していますが、この20代の創業社長を後ろから見守り、心より期待し、応援しています。

過去、従業員として会社の中から社長を支え、現在はコンサルタントとして会社の外から社長を支え、自らも社長として支えられているという、支え・支えられている貴重な経験を積み上げています。

そこから感じることは、社長とすぐ側で仕事をする人たちが、社長にとっていかに重要な存在かということです。このことを常々、身にしみて感じています。

本書は、社長と直接対峙する人たちには、少しでも社長と強い信頼関係を築き、強力なフォロワーとなって社長から頼られる存在になってもらいたい、そして、現在社長職に就いている人たちには、周りに頼りになる人財を揃えるヒントにしてもらいたいと思い、書き下ろしました。

ここに書かれていることは、１０００人以上の社長、そしてそのフォロワーと接してきた経験と、私自身が社長として、日々思っていることをまとめただけにすぎません。読者の皆さんが日々支えている社長は、ここに書かれているような社長でないと思います。

しかし、トップになる人間であれば、多くの人が思考や行動に一定の法則が働きます。その法則は、リーダーシップ論の中で言われている法則と一致することでしょう。

読者の皆さんと読者の社長が、少しでもより良い信頼関係で結ばれるよう、ヒントにしていただければ幸いです。

最後に、私の妻であり、会社の専務として何十年もの間私を支えてくれる良きパートナーである美穂に、心より感謝します。そして、日々私を応援してくれる3人の息子たちとその良妻たちは、私のモチベーションになっています。

人財ラボのスタッフとパートナーの皆さん、グループ企業である創新ラボのスタッフの皆さんには、家族のように結束して、日々献身的に働いていただいています。おかげで、これからもグループの未来に大きな期待が持てます。

ボランティアとして一緒に活動していただいている、ATDインターナショナル・メンバー・ネットワーク・ジャパンの浦山昌志代表、中原孝子副代表をはじめとする理事、委員の皆さま、日本イーラーニング・コンソシアム理事の方々、熊本大学大学院システム学鈴木克明教授、北村士朗准教授には、長年にわたり多くのことを学ばせていただいております。

株式会社ヒューマンバリュー高間邦男会長をはじめとするスタッフの方々には、世界最先端の学びの情報をいただき、私自身と私の仕事に大きな刺激をいただいております。

マロッズの伊藤和磨先生には、長年私のパーソナルトレーナーとして激務の体を調整していただいております。

このように私の活動にご理解をいただき、私を支えてくれているたくさんの方々に感謝し、私も社長のひとりとして、これからも元気に仕事をしていきたいと思います。

2016年8月

株式会社人財ラボ　代表取締役社長

下山博志

## 下山博志（しもやま・ひろし）

株式会社人財ラボ代表取締役社長
早稲田大学大学院技術経営学（MOT）修士。大手外食グローバル・チェーンで 32 年間勤務。企業内大学を含む全社の人材育成の責任者となり、教育工学に基づく教育戦略を実践。13 万人を擁する幅広い従業員層に対する人材育成の仕組みを浸透させ、『2003 年度日本能率協会人材開発優秀企業賞本賞』を受賞。全世界共通の教育戦略プロジェクトにはアジア地域代表として参加した。
2004 年に退社後、人材開発の総合プロデュースを行う株式会社人財ラボを創業。上場大手企業から中小企業まで、幅広く人事・教育に関する戦略を支援し、企業内大学構築、リーダーシップ開発、マネジメント能力育成などの提供を行っている。世界最大規模の人材開発非営利組織 ASTD（現 ATD）日本支部設立に寄与し、ATD インターナショナル・メンバー・ネットワーク・ジャパンの副代表ほか、熊本大学大学院講師、NPO 法人日本イーラーニングコンソシアム理事、神奈川県総合教育センター顧問アドバイザーなども務める。2013 年からは、システム開発を行う株式会社創新ラボの会長も兼任し、教育と ICT の融合を図るラーニングテクノロジーを推進している。12 期目にあたる 2016 年度、社屋を紀尾井町に移し、グループ会社の創新ラボとともに、さらなる活躍を目指す。

株式会社人財ラボ　ホームページ
https://jinzai-lab.co.jp/





一流のフォロワーになるための
**社長の支え方**

2016年10月 3 日　初版発行

著　者　下山博志
発行者　野村直克
発行所　総合法令出版株式会社
〒 103-0001 東京都中央区日本橋小伝馬町 15-18
ユニゾ小伝馬町ビル 9 階
電話　03-5623-5121
印刷・製本　中央精版印刷株式会社

落丁・乱丁本はお取替えいたします。



ISBN 978-4-86280-522-5
総合法令出版ホームページ　http://www.horei.com/